PREFACIO

La colección de guías de conversación para viajar "Todo irá bien" publicada por T&P Books está diseñada para personas que viajan al extranjero para turismo y negocios. Las guías contienen lo más importante - los elementos esenciales para una comunicación básica.Éste es un conjunto de frases imprescindibles para "sobrevivir" mientras está en el extranjero.

Esta guía de conversación le ayudará en la mayoría de los casos donde usted necesite pedir algo, conseguir direcciones, saber cuánto cuesta algo, etc. Puede también resolver situaciones difíciles de la comunicación donde los gestos no pueden ayudar.

Este libro contiene una gran cantidad de frases que han sido agrupadas según los temas más relevantes. Esta edición también incluye un pequeño vocabulario que contiene alrededor de 3.000 de las palabras más frecuentemente usadas.Otra sección de la guía proporciona un glosario gastronómico que le puede ayudar a pedir los alimentos en un restaurante o a comprar comestibles en la tienda.

Llévese la guía de conversación "Todo irá bien" en el camino y tendrá una insustituible compañera de viaje que le ayudará a salir de cualquier situación y le enseñará a no temer hablar con extranjeros.

TABLA DE CONTENIDOS

T&P Books Publishing

Colección de guías de conversación
"¡Todo irá bien!"

T&P Books Publishing

GUÍA DE CONVERSACIÓN
- GEORGIANO -

Andrey Taranov

LAS PALABRAS Y LAS FRASES MÁS ÚTILES

Esta Guía de Conversación contiene las frases y las preguntas más comunes necesitadas para una comunicación básica con extranjeros

T&P BOOKS

Guía de conversación + diccionario de 3000 palabras

Guía de conversación Español-Georgiano y vocabulario temático de 3000 palabras

por Andrey Taranov

La colección de guías de conversación para viajar "Todo irá bien" publicada por T&P Books está diseñada para personas que viajan al extranjero para turismo y negocios. Las guías contienen lo más importante - los elementos esenciales para una comunicación básica. Éste es un conjunto de frases imprescindibles para "sobrevivir" mientras está en el extranjero.

Este libro también incluye un pequeño vocabulario temático que contiene alrededor de 3.000 de las palabras más frecuentemente usadas. Otra sección de la guía proporciona un glosario gastronómico que le puede ayudar a pedir los alimentos en un restaurante o a comprar comestibles en la tienda.

T&P Books Publishing
www.tpbooks.com

ISBN: 978-1-78616-908-2

Este libro está disponible en formato electrónico o de E-Book también.
Visite www.tpbooks.com o las librerías electrónicas más destacadas en la Red.

PRONUNCIACIÓN

La letra	Ejemplo georgiano	T&P alfabeto fonético	Ejemplo español
ა	აკადემია	[ɑ]	radio
ბ	ბიოლოგია	[b]	en barco
გ	გრამატიკა	[g]	jugada
დ	შუალედი	[d]	desierto
ე	ბედნიერი	[ɛ]	mes
ვ	ვერცხლი	[v]	travieso
ზ	ზარი	[z]	desde
თ	თანაკლასელი	[th]	[t] aspirada
ი	ივლისი	[i]	ilegal
კ	კამა	[k]	charco
ლ	ლანგარი	[l]	lira
მ	მარჯვენა	[m]	nombre
ნ	ნაყინი	[n]	número
ო	ოსტატობა	[ɔ]	costa
პ	პასპორტი	[p]	precio
ჟ	ჟიური	[ʒ]	adyacente
რ	რეჟისორი	[r]	era, alfombra
ს	სასმელი	[s]	salva
ტ	ტურისტი	[t]	torre
უ	ურდული	[u]	mundo
ფ	ფაიფური	[ph]	[p] aspirada
ქ	ქალაქი	[kh]	[k] aspirada
ღ	ღილაკი	[ɣ]	amigo, magnífico
ყ	ყინული	[q]	catástrofe
შ	შედეგი	[ʃ]	shopping
ჩ	ჩამჩა	[ʧh]	[tsch] aspirado
ც	ცურვა	[tsh]	[ts] aspirado
ძ	ძიძა	[ʣ]	inglés kids
წ	წამწამი	[ʦ]	tsunami
ჭ	ჭანჭიკი	[ʧ]	mapache
ხ	ხარისხი	[ɦ]	mejicano
ჯ	ჯიბე	[ʤ]	jazz
ჰ	ჰოკიჯოხა	[h]	registro

LISTA DE ABREVIATURAS

Abreviatura en español

adj	-	adjetivo
adv	-	adverbio
anim.	-	animado
conj	-	conjunción
etc.	-	etcétera
f	-	sustantivo femenino
f pl	-	femenino plural
fam.	-	uso familiar
fem.	-	femenino
form.	-	uso formal
inanim.	-	inanimado
innum.	-	innumerable
m	-	sustantivo masculino
m pl	-	masculino plural
m, f	-	masculino, femenino
masc.	-	masculino
mat	-	matemáticas
mil.	-	militar
num.	-	numerable
p.ej.	-	por ejemplo
pl	-	plural
pron	-	pronombre
sg	-	singular
v aux	-	verbo auxiliar
vi	-	verbo intransitivo
vi, vt	-	verbo intransitivo, verbo transitivo
vr	-	verbo reflexivo
vt	-	verbo transitivo

T&P BOOKS

GUÍA DE CONVERSACIÓN GEORGIANO

Esta sección contiene frases importantes que pueden resultar útiles en varias situaciones de la vida real. La Guía le ayudará a pedir direcciones, aclaración sobre precio, comprar billetes, y pedir alimentos en un restaurante

T&P Books Publishing

CONTENIDO DE LA GUÍA DE CONVERSACIÓN

T&P Books Publishing

Lo más imprescindible

Perdone, ...	უკაცრავად, ... uk'atsravad, ...
Hola.	გამარჯობა. gamarjoba.
Gracias.	გმადლობთ. gmadlobt.
Sí.	დიახ. diakh.
No.	არა. ara.
No lo sé.	არ ვიცი. ar vitsi.
¿Dónde? | ¿A dónde? | ¿Cuándo?	სად?| საით?| როდის? sad?| sait?| rodis?
Necesito ...	მე მჭირდება... me mch'irdeba...
Quiero ...	მე მინდა ... me minda ...
¿Tiene ...?	თქვენ გაქვთ ...? tkven gakvt ...?
¿Hay ... por aquí?	აქ არის ... ? ak aris ... ?
¿Puedo ...?	შემიძლია... ? shemidzlia... ?
..., por favor? (petición educada)	თუ შეიძლება tu sheidzleba
Busco ...	მე ვეძებ ... me vedzeb ...
el servicio	ტუალეტს t'ualet's
un cajero automático	ბანკომატს bank'omat's
una farmacia	აფთიაქს aptiaks
el hospital	საავადმყოფოს saavadmqopos
la comisaría	პოლიციის განყოფილებას p'olitsiis ganqopilebas
el metro	მეტროს met'ros

un taxi	ტაქსს t'akss
la estación de tren	რკინიგზის სადგურს rk'inigzis sadgurs

Me llamo …	მე მქვია … me mkvia …
¿Cómo se llama?	რა გქვიათ? ra gkviat?
¿Puede ayudarme, por favor?	დამეხმარეთ, თუ შეიძლება. damekhmaret, tu sheidzleba.
Tengo un problema.	პრობლემა მაქვს. p'roblema makvs.
Me encuentro mal.	ცუდად ვარ. tsudad var.
¡Llame a una ambulancia!	გამოიძახეთ სასწრაფო! gamoidzakhet sasts'rapo!
¿Puedo llamar, por favor?	შემიძლია დავრეკო? shemidzlia davrek'o?

Lo siento.	ბოდიშს გიხდით bodishs gikhdit
De nada.	არაფერს arapers

Yo	მე me
tú	შენ shen
él	ის is
ella	ის is
ellos	ისინი isini
ellas	ისინი isini
nosotros /nosotras/	ჩვენ chven
ustedes, vosotros	თქვენ tkven
usted	თქვენ tkven

ENTRADA	შესასვლელი shesasvleli
SALIDA	გასასვლელი gasasvleli
FUERA DE SERVICIO	არ მუშაობს ar mushaobs
CERRADO	დაკეტილია dak'et'ilia

ABIERTO   ღიაა
ghiaa

PARA SEÑORAS   ქალებისთვის
kalebistvis

PARA CABALLEROS   მამაკაცებისთვის
mamak'atsebistvis

Preguntas

¿Dónde?	სად? sad?
¿A dónde?	საით? sait?
¿De dónde?	საიდან? saidan?
¿Por qué?	რატომ? rat'om?
¿Con que razón?	რისთვის? ristvis?
¿Cuándo?	როდის? rodis?
¿Cuánto tiempo?	რამდენ ხანს? ramden khans?
¿A qué hora?	რომელ საათზე? romel saatze?
¿Cuánto?	რა ღირს? ra ghirs?
¿Tiene ...?	თქვენ გაქვთ ...? tkven gakvt ...?
¿Dónde está ...?	სად არის ...? sad aris ...?
¿Qué hora es?	რომელი საათია? romeli saatia?
¿Puedo llamar, por favor?	შემიძლია დავრეკო? shemidzlia davrek'o?
¿Quién es?	ვინ არის? vin aris?
¿Se puede fumar aquí?	შემიძლია აქ მოვწიო? shemidzlia ak movts'io?
¿Puedo ...?	შემიძლია ...? shemidzlia ...?

Necesidades

Quisiera ...	მე მინდა ... me minda ...
No quiero ...	მე არ მინდა ... me ar minda ...
Tengo sed.	მწყურია. mts'quria.
Tengo sueño.	მეძინება. medzineba.
Quiero ...	მე მინდა ... me minda ...
lavarme	ხელ-პირის დაბანა khel-p'iris dabana
cepillarme los dientes	კბილების გაწმენდა k'bilebis gats'menda
descansar un momento	ცოტა დასვენება tsot'a dasveneba
cambiarme de ropa	ტანისამოსის გამოცვლა t'anisamosis gamotsvla
volver al hotel	დავბრუნდე სასტუმროში davbrunde sast'umroshi
comprar ...	ვიყიდო ... viqido ...
ir a ...	გავემგზავრო ... gavemgzavro ...
visitar ...	ვეწვიო ... vets'vio ...
quedar con ...	შევხვდე ... shevkhvde ...
hacer una llamada	დავრეკო davrek'o
Estoy cansado /cansada/.	მე დავიღალე. me davighale.
Estamos cansados /cansadas/.	ჩვენ დავიღალეთ. chven davighalet.
Tengo frío.	მე მცივა. me mtsiva.
Tengo calor.	მე მცხელა. me mtskhela.
Estoy bien.	მე ნორმალურად ვარ. me normalurad var.

Tengo que hacer una llamada.

მე უნდა დავრეკო.
me unda davrek'o.

Necesito ir al servicio.

მე მინდა ტუალეტში.
me minda t'ualet'shi.

Me tengo que ir.

წასვლის დროა.
ts'asvlis droa.

Me tengo que ir ahora.

მე უნდა წავიდე.
me unda ts'avide.

Preguntar por direcciones

Perdone, ...	უკაცრავად, ... uk'atsravad, ...
¿Dónde está ...?	სად არის ...? sad aris ...?
¿Por dónde está ...?	რომელი მიმართულებითაა ...? romeli mimartulebitaa ...?
¿Puede ayudarme, por favor?	დამეხმარეთ, თუ შეიძლება. damekhmaret, tu sheidzleba.

Busco ...	მე ვეძებ ... me vedzeb ...
Busco la salida.	მე ვეძებ გასასვლელს. me vedzeb gasasvlels.
Voy a ...	მე მივემგზავრები ...-ში me mivemgzavrebi ...-shi
¿Voy bien por aquí para ...?	სწორად მივდივარ ...? sts'orad mivdivar ...?

¿Está lejos?	ეს შორსაა? es shorsaa?
¿Puedo llegar a pie?	მე მივალ იქამდე ფეხით? me mival ikamde pekhit?
¿Puede mostrarme en el mapa?	რუკაზე მაჩვენეთ, თუ შეიძლება. ruk'aze machvenet, tu sheidzleba.
Por favor muestreme dónde estamos.	მაჩვენეთ, სად ვართ ახლა. machvenet, sad vart akhla.

Aquí	აქ ak
Allí	იქ ik
Por aquí	აქეთ aket

Gire a la derecha.	მოუხვიეთ მარჯვნივ. moukhviet marjvniv.
Gire a la izquierda.	მოუხვიეთ მარცხნივ. moukhviet martskhniv.
la primera (segunda, tercera) calle	პირველი (მეორე, მესამე) მოსახვევი p'irveli (meore, mesame) mosakhvevi
a la derecha	მარჯვნივ marjvniv

a la izquierda

მარცხნივ
martskhniv

Siga recto.

იარეთ პირდაპირ.
iaret p'irdap'ir.

Carteles

¡BIENVENIDO!	კეთილი იყოს თქვენი მობრძანება! k'etili iqos tkveni mobrdzaneba!
ENTRADA	შესასვლელი shesasvleli
SALIDA	გასასვლელი gasasvleli
EMPUJAR	თქვენგან tkvengan
TIRAR	თქვენკენ tkvenk'en
ABIERTO	ღიაა ghiaa
CERRADO	დაკეტილია dak'et'ilia
PARA SEÑORAS	ქალებისთვის kalebistvis
PARA CABALLEROS	მამაკაცებისთვის mamak'atsebistvis
CABALLEROS	მამაკაცების ტუალეტი mamak'atsebis t'ualet'i
SEÑORAS	ქალების ტუალეტი kalebis t'ualet'i
REBAJAS	ფასდაკლება pasdak'leba
VENTA	გაყიდვა ფასდაკლებით gaqidva pasdak'lebit
GRATIS	უფასოდ upasod
¡NUEVO!	სიახლე! siakhle!
ATENCIÓN	ყურადღება! quradgheba!
COMPLETO	ადგილები არ არის adgilebi ar aris
RESERVADO	დაჯავშნილია dajavshnilia
ADMINISTRACIÓN	ადმინისტრაცია administ'ratsia
SÓLO PERSONAL AUTORIZADO	მხოლოდ პერსონალისთვის mkholod p'ersonalistvis

CUIDADO CON EL PERRO	ავი ძაღლი
	avi dzaghli
NO FUMAR	ნუ მოსწევთ!
	nu mosts'evt!
NO TOCAR	არ შეეხოთ!
	ar sheekhot!

PELIGROSO	საშიშია
	sashishia
PELIGRO	საფრთხე
	saprtkhe
ALTA TENSIÓN	მაღალი ძაბვა
	maghali dzabva
PROHIBIDO BAÑARSE	ბანაობა აკრძალულია
	banaoba ak'rdzalulia

FUERA DE SERVICIO	არ მუშაობს
	ar mushaobs
INFLAMABLE	ცეცხლსაშიშია
	tsetskhlsashishia
PROHIBIDO	აკრძალულია
	ak'rdzalulia
PROHIBIDO EL PASO	გავლა აკრძალულია
	gavla ak'rdzalulia
RECIÉN PINTADO	შეღებილია
	sheghebilia

CERRADO POR RENOVACIÓN	დაკეტილია სარემონტოდ
	dak'et'ilia saremont'od
EN OBRAS	სარემონტო სამუშაოები
	saremont'o samushaoebi
DESVÍO	შემოვლითი გზა
	shemovliti gza

Transporte. Frases generales

el avión	**თვითმფრინავი** tvitmprinavi
el tren	**მატარებელი** mat'arebeli
el bus	**ავტობუსი** avt'obusi
el ferry	**ბორანი** borani
el taxi	**ტაქსი** t'aksi
el coche	**მანქანა** mankana
el horario	**განრიგი** ganrigi
¿Dónde puedo ver el horario?	**სად შეიძლება განრიგის ნახვა?** sad sheidzleba ganrigis nakhva?
días laborables	**სამუშაო დღეები** samushao dgheebi
fines de semana	**დასვენების დღეები** dasvenebis dgheebi
días festivos	**სადღესასწაულო დღეები** sadghesasts'aulo dgheebi
SALIDA	**გამგზავრება** gamgzavreba
LLEGADA	**ჩამოსვლა** chamosvla
RETRASADO	**იგვიანებს** igvianebs
CANCELADO	**გაუქმებულია** gaukmebulia
siguiente (tren, etc.)	**შემდეგი** shemdegi
primero	**პირველი** p'irveli
último	**ბოლო** bolo
¿Cuándo pasa el siguiente ...?	**როდის იქნება შემდეგი ...?** rodis ikneba shemdegi ...?
¿Cuándo pasa el primer ...?	**როდის გადის პირველი ...?** rodis gadis p'irveli ...?

¿Cuándo pasa el último …?	როდის გადის ბოლო …? rodis gadis bolo …?
el trasbordo (cambio de trenes, etc.)	გადაჯდომა gadajdoma
hacer un trasbordo	გადაჯდომის გაკეთება gadajdomis gak'eteba
¿Tengo que hacer un trasbordo?	გადაჯდომა მომიწევს? gadajdoma momits'evs?

Comprar billetes

¿Dónde puedo comprar un billete?	სად შემიძლია ვიყიდო ბილეთები?	sad shemidzlia viqido biletebi?
el billete	ბილეთი	bileti
comprar un billete	ბილეთის ყიდვა	biletis qidva
precio del billete	ბილეთის ღირებულება	biletis ghirebuleba

¿Para dónde?	სად?	sad?
¿A qué estación?	რომელ სადგურამდე?	romel sadguramde?
Necesito …	მე მჭირდება …	me mch'irdeba …
un billete	ერთი ბილეთი	erti bileti
dos billetes	ორი ბილეთი	ori bileti
tres billetes	სამი ბილეთი	sami bileti

sólo ida	ერთი მიმართულებით	erti mimartulebit
ida y vuelta	იქით და უკან	ikit da uk'an
en primera (primera clase)	პირველი კლასი	p'irveli k'lasi
en segunda (segunda clase)	მეორე კლასი	meore k'lasi

hoy	დღეს	dghes
mañana	ხვალ	khval
pasado mañana	ზეგ	zeg
por la mañana	დილით	dilit
por la tarde	დღისით	dghisit
por la noche	საღამოს	saghamos

asiento de pasillo	ადგილი გასასვლელთან
	adgili gasasvleltan
asiento de ventanilla	ადგილი ფანჯარასთან
	adgili panjarastan
¿Cuánto cuesta?	რამდენი?
	ramdeni?
¿Puedo pagar con tarjeta?	შემიძლია ბარათით გადავიხადო?
	shemidzlia baratit gadavikhado?

Autobús

el autobús	ავტობუსი avt'obusi
el autobús interurbano	საქალაქთაშორისო ავტობუსი sakalaktashoriso avt'obusi
la parada de autobús	ავტობუსის გაჩერება avt'obusis gachereba
¿Dónde está la parada de autobuses más cercana?	სად არის უახლოესი ავტობუსის გაჩერება? sad aris uakhloesi avt'obusis gachereba?

número	ნომერი nomeri
¿Qué autobús tengo que tomar para ...?	რომელი ავტობუსი მიდის ...-მდე? romeli avt'obusi midis ...-mde?
¿Este autobús va a ...?	ეს ავტობუსი მიდის ...-მდე? es avt'obusi midis ...-mde?
¿Cada cuanto pasa el autobús?	რამდენად ხშირად დადიან ავტობუსები? ramdenad khshirad dadian avt'obusebi?

cada 15 minutos	ყოველ თხუთმეტ წუთში qovel tkhutmet' ts'utshi
cada media hora	ყოველ ნახევარ საათში qovel nakhevar saatshi
cada hora	ყოველ საათში qovel saatshi
varias veces al día	დღეში რამდენჯერმე dgheshi ramdenjerme
... veces al día	...-ჯერ დღეში ...-jer dgheshi

el horario	განრიგი ganrigi
¿Dónde puedo ver el horario?	სად შეიძლება განრიგის ნახვა? sad sheidzleba ganrigis nakhva?
¿Cuándo pasa el siguiente autobús?	როდის იქნება შემდეგი ავტობუსი? rodis ikneba shemdegi avt'obusi?
¿Cuándo pasa el primer autobús?	როდის გადის პირველი ავტობუსი? rodis gadis p'irveli avt'obusi?
¿Cuándo pasa el último autobús?	როდის გადის ბოლო ავტობუსი? rodis gadis bolo avt'obusi?

la parada	გაჩერება gachereba
la siguiente parada	შემდეგი გაჩერება shemdegi gachereba
la última parada	ბოლო გაჩერება bolo gachereba
Pare aquí, por favor.	აქ გააჩერეთ, თუ შეიძლება. ak gaacheret, tu sheidzleba.
Perdone, esta es mi parada.	უკაცრავად, ეს ჩემი გაჩერებაა. uk'atsravad, es chemi gacherebaa.

Tren

el tren	მატარებელი mat'arebeli
el tren de cercanías	საგარეუბნო მატარებელი sagareubno mat'arebeli
el tren de larga distancia	შორი მიმოსვლის მატარებელი shori mimosvlis mat'arebeli
la estación de tren	რკინიგზის სადგური rk'inigzis sadguri
Perdone, ¿dónde está la salida al anden?	უკაცრავად, სად არის მატარებლებთან გასასვლელი? uk'atsravad, sad aris mat'areblebtan gasasvleli?

¿Este tren va a …?	ეს მატარებელი მიდის …-მდე? es mat'arebeli midis …-mde?
el siguiente tren	შემდეგი მატარებელი shemdegi mat'arebeli
¿Cuándo pasa el siguiente tren?	როდის იქნება შემდეგი მატარებელი? rodis ikneba shemdegi mat'arebeli?
¿Dónde puedo ver el horario?	სად შეიძლება განრიგის ნახვა? sad sheidzleba ganrigis nakhva?
¿De qué andén?	რომელი ბაქნიდან? romeli baknidan?
¿Cuándo llega el tren a …?	როდის ჩადის მატარებელი …-ში? rodis chadis mat'arebeli …-shi?

Ayudeme, por favor.	დამეხმარეთ, თუ შეიძლება. damekhmaret, tu sheidzleba.
Busco mi asiento.	მე ვეძებ ჩემს ადგილს. me vedzeb chems adgils.
Buscamos nuestros asientos.	ჩვენ ვეძებთ ჩვენს ადგილებს. chven vedzebt chvens adgilebs.
Mi asiento está ocupado.	ჩემი ადგილი დაკავებულია. chemi adgili dak'avebulia.
Nuestros asientos están ocupados.	ჩვენი ადგილები დაკავებულია. chveni adgilebi dak'avebulia.

Perdone, pero ese es mi asiento.	უკაცრავად, მაგრამ ეს ჩემი ადგილია. uk'atsravad, magram es chemi adgilia.
¿Está libre?	ეს ადგილი თავისუფალია? es adgili tavisupalia?
¿Puedo sentarme aquí?	შემიძლია აქ დავჯდე? shemidzlia ak davjde?

En el tren. Diálogo (Sin billete)

Su billete, por favor.	თქვენი ბილეთი, თუ შეიძლება. tkveni bileti, tu sheidzleba.
No tengo billete.	მე არა მაქვს ბილეთი. me ara makvs bileti.
He perdido mi billete.	მე დავკარგე ჩემი ბილეთი. me davk'arge chemi bileti.
He olvidado mi billete en casa.	მე ბილეთი სახლში დამრჩა. me bileti sakhlshi damrcha.

Le puedo vender un billete.	თქვენ შეგიძლიათ იყიდოთ ბილეთი ჩემგან. tkven shegidzliat iqidot bileti chemgan.
También deberá pagar una multa.	თქვენ კიდევ მოგიწევთ ჯარიმის გადახდა. tkven k'idev mogits'evt jarimis gadakhda.
Vale.	კარგი. k'argi.
¿A dónde va usted?	სად მიემგზავრებით? sad miemgzavrebit?
Voy a …	მე მივდივარ ...-მდე me mivdivar ...-mde

¿Cuánto es? No lo entiendo.	რამდენი? არ მესმის. ramdeni? ar mesmis.
Escríbalo, por favor.	დამიწერეთ, თუ შეიძლება. damits'eret, tu sheidzleba.
Vale. ¿Puedo pagar con tarjeta?	კარგი. შემიძლია ბარათით გადავიხადო? k'argi. shemidzlia baratit gadavikhado?
Sí, puede.	დიახ, შეგიძლიათ. diakh, shegidzliat.

Aquí está su recibo.	აი თქვენი ქვითარი. ai tkveni kvitari.
Disculpe por la multa.	ვწუხვარ ჯარიმაზე. vts'ukhvar jarimaze.
No pasa nada. Fue culpa mía.	არა უშავს. ეს ჩემი ბრალია. ara ushavs. es chemi bralia.
Disfrute su viaje.	სასიამოვნო მგზავრობას გისურვებთ. sasiamovno mgzavrobas gisurvebt.

Taxi

taxi	ტაქსი t'aksi
taxista	ტაქსისტი t'aksist'i
coger un taxi	ტაქსის დაჭერა t'aksis dach'era
parada de taxis	ტაქსის გაჩერება t'aksis gachereba
¿Dónde puedo coger un taxi?	სად შემიძლია ტაქსის გაჩერება? sad shemidzlia t'aksis gachereba?
llamar a un taxi	ტაქსის გამოძახება t'aksis gamodzakheba
Necesito un taxi.	მე მჭირდება ტაქსი. me mch'irdeba t'aksi.
Ahora mismo.	პირდაპირ ახლა. p'irdap'ir akhla.
¿Cuál es su dirección?	თქვენი მისამართი? tkveni misamarti?
Mi dirección es …	ჩემი მიასამართია … chemi miasamartia …
¿Cuál es el destino?	სად უნდა გაემგზავროთ? sad unda gaemgzavrot?

Perdone, …	უკაცრავად, … uk'atsravad, …
¿Está libre?	თქვენ თავისუფალი ხართ? tkven tavisupali khart?
¿Cuánto cuesta ir a …?	რა ღირს წასვლა …-მდე? ra ghirs ts'asvla …-mde?
¿Sabe usted dónde está?	თქვენ იცით, სად არის ეს? tkven itsit, sad aris es?

Al aeropuerto, por favor.	აეროპორტში, თუ შეიძლება. aerop'ort'shi, tu sheidzleba.
Pare aquí, por favor.	აქ გააჩერეთ, თუ შეიძლება. ak gaacheret, tu sheidzleba.
No es aquí.	ეს აქ არ არის. es ak ar aris.
La dirección no es correcta.	ეს არასწორი მისამართია. es arasts'ori misamartia.
Gire a la izquierda.	ახლა მარცხნივ. akhla martskhniv.
Gire a la derecha.	ახლა მარჯვნივ. akhla marjvniv.

¿Cuánto le debo?

რამდენი უნდა გადაგიხადოთ?
ramdeni unda gadagikhadot?

¿Me da un recibo, por favor?

ჩეკი მომეცით, თუ შეიძლება.
chek'i mometsit, tu sheidzleba.

Quédese con el cambio.

ხურდა არ მინდა.
khurda ar minda.

Espéreme, por favor.

დამელოდეთ, თუ შეიძლება.
damelodet, tu sheidzleba.

cinco minutos

ხუთი წუთი
khuti ts'uti

diez minutos

ათი წუთი
ati ts'uti

quince minutos

თხუთმეტი წუთი
tkhutmet'i ts'uti

veinte minutos

ოცი წუთი
otsi ts'uti

media hora

ნახევარი საათი
nakhevari saati

Hotel

Hola.	გამარჯობა. gamarjoba.
Me llamo ...	მე მქვია ... me mkvia ...
Tengo una reserva.	მე დავჯავშნე ნომერი. me davjavshne nomeri.

Necesito ...	მე მჭირდება ... me mch'irdeba ...
una habitación individual	ერთადგილიანი ნომერი ertadgiliani nomeri
una habitación doble	ორადგილიანი ნომერი oradgiliani nomeri
¿Cuánto cuesta?	რა ღირს? ra ghirs?
Es un poco caro.	ეს ცოტა ძვირია. es tsot'a dzviria.

¿Tiene alguna más?	გაქვთ კიდევ რამე? gakvt k'idev rame?
Me quedo.	მე ავიღებ ამას. me avigheb amas.
Pagaré en efectivo.	მე ნაღდით გადავიხდი. me naghdit gadavikhdi.

Tengo un problema.	პრობლემა მაქვს. p'roblema makvs.
Mi ... no funciona.	ჩემთან გაფუჭებულია ... chemtan gapuch'ebulia ...
Mi ... está fuera de servicio.	ჩემთან არ მუშაობს ... chemtan ar mushaobs ...
televisión	ტელევიზორი t'elevizori
aire acondicionado	კონდიციონერი k'onditsioneri
grifo	ონკანი onk'ani

ducha	შხაპი shkhap'i
lavabo	ნიჟარა nizhara
caja fuerte	სეიფი seipi

cerradura	საკეტი sak'et'i
enchufe	როზეტი rozet'i
secador de pelo	ფენი peni
No tengo …	მე არა მაქვს … me ara makvs …
agua	წყალი ts'qali
luz	სინათლე sinatle
electricidad	დენი deni

¿Me puede dar …?	შეგიძლიათ მომცეთ …? shegidzliat momtset …?
una toalla	პირსახოცი p'irsakhotsi
una sábana	საბანი sabani
unas chanclas	ჩუსტები, ფლოსტები, ქოშები chust'ebi, plost'ebi, koshebi
un albornoz	ხალათი khalati
un champú	შამპუნი shamp'uni
jabón	საპონი sap'oni

Quisiera cambiar de habitación.	მე მინდა გამოვცვალო ნომერი. me minda gamovtsvalo nomeri.
No puedo encontrar mi llave.	ვერ ვპოულობ ჩემს გასაღებს. ver vp'oulob chems gasaghebs.
Por favor abra mi habitación.	გამიღეთ ჩემი ნომერი, თუ შეიძლება. gamighet chemi nomeri, tu sheidzleba.
¿Quién es?	ვინ არის? vin aris?
¡Entre!	მობრძანდით! mobrdzandit!
¡Un momento!	ერთი წუთით! erti ts'utit!
Ahora no, por favor.	თუ შეიძლება, ახლა არა. tu sheidzleba, akhla ara.
Venga a mi habitación, por favor.	შემობრძანდით ჩემთან, თუ შეიძლება. shemobrdzandit chemtan, tu sheidzleba.
Quisiera hacer un pedido.	მე მინდა შევუკვეთო საჭმელი ნომერში. me minda shevuk'veto sach'meli nomershi.

Mi número de habitación es …	ჩემი ოთახის ნომერია … chemi otakhis nomeria …
Me voy …	მე მივემგზავრები … me mivemgzavrebi …
Nos vamos …	ჩვენ მივემგზავრებით … chven mivemgzavrebit …
Ahora mismo	ახლა akhla
esta tarde	დღეს სადილის შემდეგ dghes sadilis shemdeg
esta noche	დღეს საღამოს dghes saghamos
mañana	ხვალ khval
mañana por la mañana	ხვალ დილით khval dilit
mañana por la noche	ხვალ საღამოს khval saghamos
pasado mañana	ზეგ zeg

Quisiera pagar la cuenta.	მე მინდა გავასწორო ანგარიში. me minda gavasts'oro angarishi.
Todo ha estado estupendo.	ყველაფერი შესანიშნავი იყო. qvelaperi shesanishnavi iqo.
¿Dónde puedo coger un taxi?	სად შემიძლია ტაქსის გაჩერება? sad shemidzlia t'aksis gachereba?
¿Puede llamarme un taxi, por favor?	გამომიძახეთ ტაქსი, თუ შეიძლება. gamomidzakhet t'aksi, tu sheidzleba.

Restaurante

¿Puedo ver el menú, por favor?	შემიძლია ვნახო თქვენი მენიუ? shemidzlia vnakho tkveni meniu?
Mesa para uno.	მაგიდა ერთი კაცისთვის. magida erti k'atsistvis.
Somos dos (tres, cuatro).	ჩვენ ორნი (სამნი, ოთხნი) ვართ. chven orni (samni, otkhni) vart.

Para fumadores	მწეველებისთვის mts'evelebistvis
Para no fumadores	არამწეველებისთვის aramts'evelebistvis
¡Por favor! (llamar al camarero)	თუ შეიძლება! tu sheidzleba!
la carta	მენიუ meniu
la carta de vinos	ღვინის ბარათი ghvinis barati
La carta, por favor.	მენიუ, თუ შეიძლება. meniu, tu sheidzleba.

¿Está listo para pedir?	თქვენ მზად ხართ შეკვეთის გასაკეთებლად? tkven mzad khart shek'vetis gasak'eteblad?
¿Qué quieren pedir?	რას შეუკვეთავთ? ras sheuk'vetavt?
Yo quiero …	მე მინდა … me minda …

Soy vegetariano.	მე ვეგეტარიანელი ვარ. me veget'arianeli var.
carne	ხორცი khortsi
pescado	თევზი tevzi
verduras	ბოსტნეული bost'neuli
¿Tiene platos para vegetarianos?	თქვენ გაქვთ ვეგეტარიანული კერძები? tkven gakvt veget'arianuli k'erdzebi?

No como cerdo.	მე არ ვჭამ ღორის ხორცს. me ar vch'am ghoris khortss.
Él /Ella/ no come carne.	ის არ ჭამს ხორცს. is ar ch'ams khortss.

Soy alérgico a …	მე ალერგია მაქვს …-ზე me alergia makvs …-ze
¿Me puede traer …, por favor?	მომიტანეთ, თუ შეიძლება, … momit'anet, tu sheidzleba, …
sal | pimienta | azúcar	მარილი | პილპილი | შაქარი marili | p'ilp'ili | shakari
café | té | postre	ყავა | ჩაი | დესერტი qava | chai | desert'i
agua | con gas | sin gas	წყალი | გაზიანი | უგაზო ts'qali | gaziani | ugazo
una cuchara | un tenedor | un cuchillo	კოვზი | ჩანგალი | დანა k'ovzi | changali | dana
un plato | una servilleta	თეფში | ხელსახოცი tepshi | khelsakhotsi

¡Buen provecho!	გემრიელად მიირთვით! gemrielad miirtvit!
Uno más, por favor.	კიდევ მომიტანეთ, თუ შეიძლება. k'idev momit'anet, tu sheidzleba.
Estaba delicioso.	ძალიან გემრიელი იყო. dzalian gemrieli iqo.

la cuenta | el cambio | la propina	ანგარიში | ხურდა | ჩაის ფული angarishi | khurda | chais puli
La cuenta, por favor.	ანგარიში, თუ შეიძლება. angarishi, tu sheidzleba.
¿Puedo pagar con tarjeta?	შემიძლია ბარათით გადავიხადო? shemidzlia baratit gadavikhado?
Perdone, aquí hay un error.	უკაცრავად, აქ შეცდომაა. uk'atsravad, ak shetsdomaa.

De Compras

¿Puedo ayudarle?	შემიძლია დაგეხმაროთ? shemidzlia dagekhmarot?
¿Tiene ...?	თქვენ გაქვთ ...? tkven gakvt ...?
Busco ...	მე ვეძებ ... me vedzeb ...
Necesito ...	მე მჭირდება ... me mch'irdeba ...

Sólo estoy mirando.	მე უბრალოდ ვათვალიერებ. me ubralod vatvaliereb.
Sólo estamos mirando.	ჩვენ უბრალოდ ვათვალიერებთ. chven ubralod vatvalierebt.
Volveré más tarde.	მე მოგვიანებით მოვალ. me mogvianebit moval.
Volveremos más tarde.	ჩვენ მოგვიანებით მოვალთ. chven mogvianebit movalt.
descuentos | oferta	ფასდაკლება | გაყიდვა ფასდაკლებით pasdak'leba | gaqidva pasdak'lebit

Por favor, enséñeme ...	მაჩვენეთ, თუ შეიძლება ... machvenet, tu sheidzleba ...
¿Me puede dar ..., por favor?	მომეცით, თუ შეიძლება ... mometsit, tu sheidzleba ...
¿Puedo probarmelo?	შეიძლება ეს მოვიზომო? sheidzleba es movizomo?
Perdone, ¿dónde están los probadores?	უკაცრავად, სად არის ტანსაცმლის მოსაზომი? uk'atsravad, sad aris t'ansatsmlis mosazomi?
¿Qué color le gustaría?	რომელი ფერი გნებავთ? romeli peri gnebavt?
la talla | el largo	ზომა | სიმაღლე zoma | simaghle
¿Cómo le queda? (¿Está bien?)	მოგერგოთ? mogergot?

¿Cuánto cuesta esto?	რა ღირს ეს? ra ghirs es?
Es muy caro.	ეს ძალიან ძვირია. es dzalian dzviria.
Me lo llevo.	მე ამას ავიღებ. me amas avigheb.

Perdone, ¿dónde está la caja?	უკაცრავად, სად არის სალარო? uk'atsravad, sad aris salaro?
¿Pagará en efectivo o con tarjeta?	როგორ გადაიხდით? ნაღდით თუ საკრედიტო ბარათით? rogor gadaikhdit? naghdit tu sak'redit'o baratit?
en efectivo | con tarjeta	ნაღდით | ბარათით naghdit | baratit

¿Quiere el recibo?	თქვენ გჭირდებათ ჩეკი? tkven gch'irdebat chek'i?
Sí, por favor.	დიახ, თუ შეიძლება. diakh, tu sheidzleba.
No, gracias.	არა, არ არის საჭირო. გმადლობთ. ara, ar aris sach'iro. gmadlobt.
Gracias. ¡Que tenga un buen día!	გმადლობთ. კარგად ბრძანდებოდეთ! gmadlobt. k'argad brdzandebodet!

En la ciudad

Perdone, por favor.	უკაცრავად, თუ შეიძლება ... uk'atsravad, tu sheidzleba ...
Busco ...	მე ვეძებ ... me vedzeb ...
el metro	მეტროს met'ros
mi hotel	ჩემს სასტუმროს chems sast'umros

el cine	კინოთეატრს k'inoteat'rs
una parada de taxis	ტაქსის გაჩერებას t'aksis gacherebas
un cajero automático	ბანკომატს bank'omat's
una oficina de cambio	ვალუტის გაცვლას valut'is gatsvlas

un cibercafé	ინტერნეტ-კაფეს int'ernet'-k'apes
la calle ...	... ქუჩას ... kuchas
este lugar	აი ამ ადგილს ai am adgils

¿Sabe usted dónde está ...?	თქვენ არ იცით, სად მდებარეობს ...? tkven ar itsit, sad mdebareobs ...?
¿Cómo se llama esta calle?	რა ჰქვია ამ ქუჩას? ra hkvia am kuchas?
Muestreme dónde estamos ahora.	მაჩვენეთ, სად ვართ ახლა. machvenet, sad vart akhla.
¿Puedo llegar a pie?	მე მივალ იქამდე ფეხით? me mival ikamde pekhit?
¿Tiene un mapa de la ciudad?	თქვენ გაქვთ ქალაქის რუკა? tkven gakvt kalakis ruk'a?

¿Cuánto cuesta la entrada?	რა ღირს შესასვლელი ბილეთი? ra ghirs shesasvleli bileti?
¿Se pueden hacer fotos aquí?	აქ შეიძლება ფოტოგადაღება? ak sheidzleba pot'ogadagheba?
¿Está abierto?	თქვენთან ღიაა? tkventan ghiaa?

¿A qué hora abren?

რომელ საათზე გაიხსნებით?
romel saatze gaikhsnebit?

¿A qué hora cierran?

რომელ საათამდე მუშაობთ?
romel saatamde mushaobt?

Dinero

dinero	ფული puli
efectivo	ნაღდი ფული naghdi puli
billetes	ქაღალდის ფული kaghaldis puli
monedas	ხურდა ფული khurda puli
la cuenta | el cambio | la propina	ანგარიში | ხურდა | ჩაის ფული angarishi | khurda | chais puli

la tarjeta de crédito	საკრედიტო ბარათი sak'redit'o barati
la cartera	საფულე sapule
comprar	ყიდვა, შეძენა qidva, shedzena
pagar	გადახდა gadakhda
la multa	ჯარიმა jarima
gratis	უფასოდ upasod

¿Dónde puedo comprar …?	სად შემიძლია ვიყიდო ...? sad shemidzlia viqido ...?
¿Está el banco abierto ahora?	ბანკი ახლა ღიაა? bank'i akhla ghiaa?
¿A qué hora abre?	რომელ საათზე იღება? romel saatze igheba?
¿A qué hora cierra?	რომელ საათამდე მუშაობს? romel saatamde mushaobs?

¿Cuánto cuesta?	რამდენი? ramdeni?
¿Cuánto cuesta esto?	რა ღირს ეს? ra ghirs es?
Es muy caro.	ეს ძალიან ძვირია. es dzalian dzviria.

Perdone, ¿dónde está la caja?	უკაცრავად, სად არის სალარო? uk'atsravad, sad aris salaro?
La cuenta, por favor.	ანგარიში, თუ შეიძლება. angarishi, tu sheidzleba.

¿Puedo pagar con tarjeta?	შემიძლია ბარათით გადავიხადო? shemidzlia baratit gadavikhado?
¿Hay un cajero por aquí?	აქ არის ბანკომატი? ak aris bank'omat'i?
Busco un cajero automático.	მე მჭირდება ბანკომატი. me mch'irdeba bank'omat'i.

Busco una oficina de cambio.	მე ვეძებ ვალუტის გადამცვლელს. me vedzeb valut'is gadamtsvlels.
Quisiera cambiar ...	მე მინდა გადავცვალო ... me minda gadavtsvalo ...
¿Cuál es el tipo de cambio?	როგორია გაცვლითი კურსი? rogoria gatsvliti k'ursi?
¿Necesita mi pasaporte?	გჭირდებათ ჩემი პასპორტი? gch'irdebat chemi p'asp'ort'i?

Tiempo

¿Qué hora es?	რომელი საათია? romeli saatia?
¿Cuándo?	როდის? rodis?
¿A qué hora?	რომელ საათზე? romel saatze?
ahora | luego | después de …	ახლა | მოგვიანებით | ... შემდეგ akhla | mogvianebit | ... shemdeg

la una	დღის პირველი საათი dghis p'irveli saati
la una y cuarto	პირველი საათი და თხუთმეტი წუთი p'irveli saati da tkhutmet'i ts'uti
la una y medio	პირველი საათი და ოცდაათი წუთი p'irveli saati da otsdaati ts'uti
las dos menos cuarto	ორს აკლია თხუთმეტი წუთი ors ak'lia tkhutmet'i ts'uti

una | dos | tres	ერთი | ორი | სამი erti | ori | sami
cuatro | cinco | seis	ოთხი | ხუთი | ექვსი otkhi | khuti | ekvsi
siete | ocho | nueve	შვიდი | რვა | ცხრა shvidi | rva | tskhra
diez | once | doce	ათი | თერთმეტი | თორმეტი ati | tertmet'i | tormet'i

en …	...-ის შემდეგ ...-is shemdeg
cinco minutos	ხუთი წუთის khuti ts'utis
diez minutos	ათი წუთის ati ts'utis
quince minutos	თხუთმეტი წუთის tkhutmet'i ts'utis
veinte minutos	ოცი წუთის otsi ts'utis

media hora	ნახევარ საათში nakhevar saatshi
una hora	ერთ საათში ert saatshi
por la mañana	დილით dilit

por la mañana temprano	დილით ადრე dilit adre
esta mañana	დღეს დილით dghes dilit
mañana por la mañana	ხვალ დილით khval dilit

al mediodía	სადილზე sadilze
por la tarde	სადილის შემდეგ sadilis shemdeg
por la noche	საღამოს saghamos
esta noche	დღეს საღამოს dghes saghamos

por la noche	ღამით ghamit
ayer	გუშინ gushin
hoy	დღეს dghes
mañana	ხვალ khval
pasado mañana	ზეგ zeg

¿Qué día es hoy?	დღეს რა დღეა? dghes ra dghea?
Es …	დღეს … dghes …
lunes	ორშაბათი orshabati
martes	სამშაბათი samshabati
miércoles	ოთხშაბათი otkhshabati

jueves	ხუთშაბათი khutshabati
viernes	პარასკევი p'arask'evi
sábado	შაბათი shabati
domingo	კვირა k'vira

Saludos. Presentaciones.

Hola.	გამარჯობა. gamarjoba.
Encantado /Encantada/ de conocerle.	მოხარული ვარ თქვენი გაცნობით. mokharuli var tkveni gatsnobit.
Yo también.	მეც. mets.
Le presento a …	გაიცანით. ეს არის … gaitsanit. es aris …
Encantado.	ძალიან სასიამოვნოა. dzalian sasiamovnoa.

¿Cómo está?	როგორ ხართ? როგორ არის თქვენი საქმეები? rogor khart? rogor aris tkveni sakmeebi?
Me llamo …	მე მქვია … me mkvia …
Se llama …	მას ჰქვია … mas hkvia …
Se llama …	მას ჰქვია … mas hkvia …
¿Cómo se llama (usted)?	რა გქვიათ? ra gkviat?
¿Cómo se llama (él)?	რა ჰქვია მას? ra hkvia mas?
¿Cómo se llama (ella)?	რა ჰქვია მას? ra hkvia mas?

¿Cuál es su apellido?	რა გვარი ხართ? ra gvari khart?
Puede llamarme …	დამიძახეთ … damidzakhet …
¿De dónde es usted?	საიდან ხართ? saidan khart?
Yo soy de ….	მე …-დან ვარ me …-dan var
¿A qué se dedica?	რად მუშაობთ? rad mushaobt?

¿Quién es?	ვინ არის ეს? vin aris es?
¿Quién es él?	ვინ არის ის? vin aris is?

¿Quién es ella?	ვინ არის ის? vin aris is?
¿Quiénes son?	ვინ არიან ისინი? vin arian isini?

Este es ...	ეს არის ... es aris ...
mi amigo	ჩემი მეგობარი chemi megobari
mi amiga	ჩემი მეგობარი chemi megobari
mi marido	ჩემი ქმარი chemi kmari
mi mujer	ჩემი ცოლი chemi tsoli

mi padre	ჩემი მამა chemi mama
mi madre	ჩემი დედა chemi deda
mi hermano	ჩემი ძმა chemi dzma
mi hermana	ჩემი და chemi da
mi hijo	ჩემი ვაჟი chemi vazhi
mi hija	ჩემი ქალიშვილი chemi kalishvili

Este es nuestro hijo.	ეს ჩვენი ვაჟიშვილია. es chveni vazhishvilia.
Esta es nuestra hija.	ეს ჩვენი ქალიშვილია. es chveni kalishvilia.
Estos son mis hijos.	ეს ჩემი შვილები არიან. es chemi shvilebi arian.
Estos son nuestros hijos.	ეს ჩვენი შვილები არიან. es chveni shvilebi arian.

Despedidas

¡Adiós!	ნახვამდის! nakhvamdis!
¡Chau!	კარგად! k'argad!
Hasta mañana.	ხვალამდე. khvalamde.
Hasta pronto.	შეხვედრამდე. shekhvedramde.
Te veo a las siete.	შვიდზე შევხვდებით. shvidze shevkhvdebit.

¡Que se diviertan!	გაერთეთ! gaertet!
Hablamos más tarde.	ვისაუბროთ მოგვიანებით. visaubrot mogvianebit.
Que tengas un buen fin de semana.	წარმატებულ დასვენების დღეებს გისურვებთ. ts'armat'ebul dasvenebis dgheebs gisurvebt.
Buenas noches.	ღამე მშვიდობისა. ghame mshvidobisa.

Es hora de irme.	ჩემი წასვლის დროა. chemi ts'asvlis droa.
Tengo que irme.	მე უნდა წავიდე. me unda ts'avide.
Ahora vuelvo.	ახლავე დავბრუნდები. akhlave davbrundebi.

Es tarde.	უკვე გვიანია. uk've gviania.
Tengo que levantarme temprano.	მე ადრე უნდა ავდგე. me adre unda avdge.
Me voy mañana.	მე ხვალ მივდივარ. me khval mivdivar.
Nos vamos mañana.	ჩვენ ხვალ მივდივართ. chven khval mivdivart.

¡Que tenga un buen viaje!	ბედნიერ მგზავრობას გისურვებთ! bednier mgzavrobas gisurvebt!
Ha sido un placer.	სასიამოვნო იყო თქვენი გაცნობა. sasiamovno iqo tkveni gatsnoba.

Fue un placer hablar con usted.	სასიამოვნო იყო თქვენთან ურთიერთობა. sasiamovno iqo tkventan urtiertoba.
Gracias por todo.	გმადლობთ ყველაფრისთვის. gmadlobt qvelapristvis.
Lo he pasado muy bien.	მე საუცხოოდ გავატარე დრო. me sautskhood gavat'are dro.
Lo pasamos muy bien.	ჩვენ საუცხოოდ გავატარეთ დრო. chven sautskhood gavat'aret dro.
Fue genial.	ყველაფერი ჩინებული იყო. qvelaperi chinebuli iqo.
Le voy a echar de menos.	მე მომენატრებით. me momenat'rebit.
Le vamos a echar de menos.	ჩვენ მოგვენატრებით. chven mogvenat'rebit.
¡Suerte!	წარმატებებს გისურვებთ! ბედნიერად! ts'armat'ebebs gisurvebt! bednierad!
Saludos a …	მოკითხვა გადაეცით … mok'itkhva gadaetsit …

Idioma extranjero

No entiendo.	მე არ მესმის. me ar mesmis.
Escríbalo, por favor.	დაწერეთ ეს, თუ შეიძლება. dats'eret es, tu sheidzleba.
¿Habla usted ...?	თქვენ იცით ...? tkven itsit ...?

Hablo un poco de ...	მე ცოტა ვიცი ... me tsot'a vitsi ...
inglés	ინგლისური inglisuri
turco	თურქული turkuli
árabe	არაბული arabuli
francés	ფრანგული pranguli

alemán	გერმანული germanuli
italiano	იტალიური it'aliuri
español	ესპანური esp'anuri
portugués	პორტუგალიური p'ort'ugaliuri
chino	ჩინური chinuri
japonés	იაპონური iap'onuri

¿Puede repetirlo, por favor?	გაიმეორეთ, თუ შეიძლება. gaimeoret, tu sheidzleba.
Lo entiendo.	მე მესმის. me mesmis.
No entiendo.	მე არ მესმის. me ar mesmis.
Hable más despacio, por favor.	ილაპარაკეთ უფრო ნელა, თუ შეიძლება. ilap'arak'et upro nela, tu sheidzleba.

¿Está bien?

ეს სწორია?
es sts'oria?

¿Qué es esto? (¿Que significa esto?)

რა არის ეს?
ra aris es?

Disculpas

Perdone, por favor.	ბოდიში, უკაცრავად. bodishi, uk'atsravad.
Lo siento.	მე ვწუხვარ. me vts'ukhvar.
Lo siento mucho.	მე ძალიან ვწუხვარ. me dzalian vts'ukhvar.
Perdón, fue culpa mía.	დამნაშავე ვარ, ეს ჩემი ბრალია. damnashave var, es chemi bralia.
Culpa mía.	ჩემი შეცდომაა. chemi shetsdomaa.

¿Puedo …?	მე შემიძლია …? me shemidzlia …?
¿Le molesta si …?	წინააღმდეგი ხომ არ იქნებით, მე რომ …? ts'inaaghmdegi khom ar iknebit, me rom …?

¡No hay problema! (No pasa nada.)	არა უშავს. ara ushavs.
Todo está bien.	ყველაფერი წესრიგშია. qvelaperi ts'esrigshia.
No se preocupe.	ნუ შეწუხდებით. nu shets'ukhdebit.

Acuerdos

Sí.	დიახ. diakh.
Sí, claro.	დიახ, რა თქმა უნდა. diakh, ra tkma unda.
Bien.	კარგი! k'argi!
Muy bien.	ძალიან კარგი. dzalian k'argi.
¡Claro que sí!	რა თქმა უნდა! ra tkma unda!
Estoy de acuerdo.	მე თანახმა ვარ. me tanakhma var.

Es verdad.	სწორია. sts'oria.
Es correcto.	სწორია. sts'oria.
Tiene razón.	თქვენ მართალი ხართ. tkven martali khart.
No me molesta.	მე წინააღმდეგი არა ვარ. me ts'inaaghmdegi ara var.
Es completamente cierto.	სრული ჭეშმარიტებაა. sruli ch'eshmarit'ebaa.

Es posible.	ეს შესაძლებელია. es shesadzlebelia.
Es una buena idea.	ეს კარგი აზრია. es k'argi azria.
No puedo decir que no.	უარს ვერ ვიტყვი. uars ver vit'qvi.
Estaré encantado /encantada/.	მოხარული ვიქნები. mokharuli viknebi.
Será un placer.	სიამოვნებით. siamovnebit.

Rechazo. Expresar duda

No.	არა.
	ara.
Claro que no.	რა თქმა უნდა არა.
	ra tkma unda ara.
No estoy de acuerdo.	მე თანახმა არ ვარ.
	me tanakhma ar var.
No lo creo.	მე ასე არ ვფიქრობ.
	me ase ar vpikrob.
No es verdad.	ეს მართალი არაა.
	es martali araa.

No tiene razón.	თქვენ არ ხართ მართალი.
	tkven ar khart martali.
Creo que no tiene razón.	მე მგონია, რომ თქვენ მართალი არ ხართ.
	me mgonia, rom tkven martali ar khart.
No estoy seguro /segura/.	დარწმუნებული არ ვარ.
	darts'munebuli ar var.
No es posible.	ეს შეუძლებელია.
	es sheudzlebelia.
¡Nada de eso!	ნურას უკაცრავად!
	nuras uk'atsravad!

Justo lo contrario.	პირიქით!
	p'irikit!
Estoy en contra de ello.	მე წინააღმდეგი ვარ.
	me ts'inaaghmdegi var.
No me importa. (Me da igual.)	ჩემთვის სულ ერთია.
	chemtvis sul ertia.
No tengo ni idea.	აზრზე არ ვარ.
	azrze ar var.
Dudo que sea así.	მეეჭვება, რომ ეს ასეა.
	meech'veba, rom es asea.

Lo siento, no puedo.	ბოდიში, მე არ შემიძლია.
	bodishi, me ar shemidzlia.
Lo siento, no quiero.	ბოდიში, მე არ მინდა.
	bodishi, me ar minda.
Gracias, pero no lo necesito.	გმადლობთ, მე ეს არ მჭირდება.
	gmadlobt, me es ar mch'irdeba.

Ya es tarde.

უკვე გვიანია.
uk've gviania.

Tengo que levantarme temprano.

მე ადრე უნდა ავდგე.
me adre unda avdge.

Me encuentro mal.

მე შეუძლოდ ვარ.
me sheudzlod var.

Expresar gratitud

Gracias.	გმადლობთ. gmadlobt.
Muchas gracias.	დიდი მადლობა. didi madloba.
De verdad lo aprecio.	ძალიან მადლიერი ვარ. dzalian madlieri var.
Se lo agradezco.	მე თქვენი მადლობელი ვარ. me tkveni madlobeli var.
Se lo agradecemos.	ჩვენ თქვენი მადლიერნი ვართ. chven tkveni madlierni vart.
Gracias por su tiempo.	გმადლობთ, რომ დრო დახარჯეთ. gmadlobt, rom dro dakharjet.
Gracias por todo.	მადლობა ყველაფრისთვის. madloba qvelapristvis.
Gracias por ...	მადლობა ...-თვის madloba ...-tvis
su ayuda	თქვენი დახმარებისთვის tkveni dakhmarebistvis
tan agradable momento	კარგი დროისთვის k'argi droistvis
una comida estupenda	მშვენიერი საჭმელისთვის mshvenieri sach'melistvis
una velada tan agradable	სასიამოვნო საღამოსთვის sasiamovno saghamostvis
un día maravilloso	შესანიშნავი დღისთვის shesanishnavi dghistvis
un viaje increíble	საინტერესო ექსკურსიისთვის. saint'ereso eksk'ursiistvis.
No hay de qué.	არაფერს. arapers.
De nada.	არ ღირს სამადლობლად. ar ghirs samadloblad.
Siempre a su disposición.	ყოველთვის მზად ვარ. qoveltvis mzad var.
Encantado /Encantada/ de ayudarle.	მოხარული ვიყავი დაგხმარებოდით. mokharuli viqavi dagkhmarebodit.
No hay de qué.	დაივიწყეთ. ყველაფერი წესრიგშია. daivits'qet. qvelaperi ts'esrigshia.
No tiene importancia.	ნუ ღელავთ. nu ghelavt.

Felicitaciones , Mejores Deseos

¡Felicidades!	გილოცავთ! gilotsavt!
¡Feliz Cumpleaños!	გილოცავთ დაბადების დღეს! gilotsavt dabadebis dghes!
¡Feliz Navidad!	ბედნიერ შობას გისურვებთ! bednier shobas gisurvebt!
¡Feliz Año Nuevo!	გილოცავთ ახალ წელს! gilotsavt akhal ts'els!

| ¡Felices Pascuas! | ნათელ აღდგომას გილოცავთ!
natel aghdgomas gilotsavt! |
| ¡Feliz Hanukkah! | ბედნიერ ჰანუკას გისურვებთ!
bednier hanuk'as gisurvebt! |

Quiero brindar.	მე მაქვს სადღეგრძელო. me makvs sadghegrdzelo.
¡Salud!	გაგიმარჯოთ! gagimarjot!
¡Brindemos por …!	დავლიოთ …! davliot …!
¡A nuestro éxito!	ჩვენი წარმატების იყოს! chveni ts'armat'ebis iqos!
¡A su éxito!	თქვენი წარმატების იყოს! tkveni ts'armat'ebis iqos!

¡Suerte!	წარმატებას გისურვებთ! ts'armat'ebas gisurvebt!
¡Que tenga un buen día!	სასიამოვნო დღეს გისურვებთ! sasiamovno dghes gisurvebt!
¡Que tenga unas buenas vacaciones!	კარგ დასვენებას გისურვებთ! k'arg dasvenebas gisurvebt!
¡Que tenga un buen viaje!	გისურვებთ წარმატებულ მგზავრობას! gisurvebt ts'armat'ebul mgzavrobas!
¡Espero que se recupere pronto!	გისურვებთ მალე გამოჯანმრთელებას! gisurvebt male gamojanmrtelebas!

Socializarse

¿Por qué está triste?	**რატომ ხართ უხასიათოდ?** rat'om khart ukhasiatod?
¡Sonría! ¡Animese!	**გაიღიმეთ!** gaighimet!
¿Está libre esta noche?	**თქვენ არ ხართ დაკავებული დღეს საღამოს?** tkven ar khart dak'avebuli dghes saghamos?

¿Puedo ofrecerle algo de beber?	**მე შემიძლია შემოგთავაზოთ დალევა?** me shemidzlia shemogtavazot daleva?
¿Querría bailar conmigo?	**არ გინდათ ცეკვა?** ar gindat tsek'va?
Vamos a ir al cine.	**იქნებ კინოში წავიდეთ?** ikneb k'inoshi ts'avidet?

¿Puedo invitarle a ...?	**შემიძლია დაგპატიჟოთ ...-ში?** shemidzlia dagp'at'izhot ...-shi?
un restaurante	**რესტორანში** rest'oranshi
el cine	**კინოში** k'inoshi
el teatro	**თეატრში** teat'rshi
dar una vuelta	**სასეირნოდ** saseirnod

¿A qué hora?	**რომელ საათზე?** romel saatze?
esta noche	**დღეს საღამოს** dghes saghamos
a las seis	**ექვს საათზე** ekvs saatze
a las siete	**შვიდ საათზე** shvid saatze
a las ocho	**რვა საათზე** rva saatze
a las nueve	**ცხრა საათზე** tskhra saatze

¿Le gusta este lugar?	**თქვენ აქ მოგწონთ?** tkven ak mogts'ont?
¿Está aquí con alguien?	**თქვენ აქ ვინმესთან ერთად ხართ?** tkven ak vinmestan ertad khart?

Estoy con mi amigo /amiga/.	მე მეგობართან ერთად ვარ. me megobartan ertad var.
Estoy con amigos.	მე მეგობრებთან ერთად ვარ. me megobrebtan ertad var.
No, estoy solo /sola/.	მე მარტო ვარ. me mart'o var.

¿Tienes novio?	შენ მეგობარი ვაჟი გყავს? shen megobari vazhi gqavs?
Tengo novio.	მე მყავს მეგობარი ვაჟი. me mqavs megobari vazhi.
¿Tienes novia?	შენ გყავს მეგობარი გოგონა? shen gqavs megobari gogona?
Tengo novia.	მე მყავს მეგობარი გოგონა. me mqavs megobari gogona.

¿Te puedo volver a ver?	ჩვენ კიდევ შევხვდებით? chven k'idev shevkhvdebit?
¿Te puedo llamar?	შეიძლება დაგირეკო? sheidzleba dagirek'o?
Llámame.	დამირეკე. damirek'e.
¿Cuál es tu número?	რა ნომერი გაქვს? ra nomeri gakvs?
Te echo de menos.	მენატრები. menat'rebi.

¡Qué nombre tan bonito!	თქვენ ძალიან ლამაზი სახელი გაქვთ. tkven dzalian lamazi sakheli gakvt.
Te quiero.	მე შენ მიყვარხარ. me shen miqvarkhar.
¿Te casarías conmigo?	გამომყევი ცოლად. gamomqevi tsolad.
¡Está de broma!	თქვენ ხუმრობთ! tkven khumrobt!
Sólo estoy bromeando.	მე უბრალოდ ვხუმრობ. me ubralod vkhumrob.

¿En serio?	თქვენ სერიოზულად? tkven seriozulad?
Lo digo en serio.	მე სერიოზულად ვამბობ. me seriozulad vambob.
¿De verdad?	მართლა?! martla?!
¡Es increíble!	ეს წარმოუდგენელია! es ts'armoudgenelia!
No le creo.	მე თქვენი არ მჯერა. me tkveni ar mjera.
No puedo.	მე არ შემიძლია. me ar shemidzlia.
No lo sé.	მე არ ვიცი. me ar vitsi.

No le entiendo.	მე თქვენი არ მესმის.
	me tkveni ar mesmis.
Váyase, por favor.	წადით, თუ შეიძლება.
	ts'adit, tu sheidzleba.
¡Déjeme en paz!	დამანებეთ თავი!
	damanebet tavi!

Es inaguantable.	მე მას ვერ ვიტან.
	me mas ver vit'an.
¡Es un asqueroso!	თქვენ ამაზრზენი ხართ!
	tkven amazrzeni khart!
¡Llamaré a la policía!	მე პოლიციას გამოვიძახებ!
	me p'olitsias gamovidzakheb!

Compartir impresiones. Emociones

Me gusta.	მე ეს მომწონს. me es momts'ons.
Muy lindo.	ძალიან სასიამოვნოა. dzalian sasiamovnoa.
¡Es genial!	ეს ძალიან კარგია! es dzalian k'argia!
No está mal.	ეს ცუდი არ არის. es tsudi ar aris.

No me gusta.	მე ეს არ მომწონს. me es ar momts'ons.
No está bien.	ეს კარგი არ არის. es k'argi ar aris.
Está mal.	ეს ცუდია. es tsudia.
Está muy mal.	ეს ძალიან ცუდია. es dzalian tsudia.
¡Qué asco!	ეს ამაზრზენია. es amazrzenia.

Estoy feliz.	მე ბედნიერი ვარ. me bednieri var.
Estoy contento /contenta/.	მე კმაყოფილი ვარ. me k'maqopili var.
Estoy enamorado /enamorada/.	მე შეყვარებული ვარ. me sheqvarebuli var.
Estoy tranquilo.	მე მშვიდად ვარ. me mshvidad var.
Estoy aburrido.	მე მოწყენილი ვარ. me mots'qenili var.

Estoy cansado /cansada/.	მე დავიღალე. me davighale.
Estoy triste.	მე სევდიანი ვარ. me sevdiani var.
Estoy asustado.	მე შეშინებული ვარ. me sheshinebuli var.
Estoy enfadado /enfadada/.	მე ვბრაზობ. me vbrazob.

Estoy preocupado /preocupada/.	მე ვღელავ. me vghelav.
Estoy nervioso /nerviosa/.	მე ვნერვიულობ. me vnerviulob.

Estoy celoso /celosa/.

მე მშურს.
me mshurs.

Estoy sorprendido /sorprendida/.

მე გაკვირვებული ვარ.
me gak'virvebuli var.

Estoy perplejo /perpleja/.

მე გაოგნებული ვარ.
me gaognebuli var.

Problemas, Accidentes

Tengo un problema.	მე პრობლემა მაქვს. me p'roblema makvs.
Tenemos un problema.	ჩვენ პრობლემა გვაქვს. chven p'roblema gvakvs.
Estoy perdido /perdida/.	მე გზა ამებნა. me gza amebna.
Perdi el último autobús (tren).	მე დამაგვიანდა ბოლო ავტობუსზე (მატარებელზე). me damagvianda bolo avt'obusze (mat'arebelze).
No me queda más dinero.	მე სულ აღარ დამრჩა ფული. me sul aghar damrcha puli.

He perdido …	მე დავკარგე … me davk'arge …
Me han robado …	მე მომპარეს … me momp'ares …
mi pasaporte	პასპორტი p'asp'ort'i
mi cartera	საფულე sapule
mis papeles	საბუთები sabutebi
mi billete	ბილეთი bileti

mi dinero	ფული puli
mi bolso	ჩანთა chanta
mi cámara	ფოტოაპარატი pot'oap'arat'i
mi portátil	ნოუთბუქი noutbuki
mi tableta	პლანშეტი p'lanshet'i
mi teléfono	ტელეფონი t'eleponi

¡Ayúdeme!	მიშველეთ! mishvelet!
¿Qué pasó?	რა მოხდა…? ra mokhda…?

el incendio	**ხანძარი** khandzari
un tiroteo	**სროლა** srola
el asesinato	**მკვლელობა** mk'vleloba
una explosión	**აფეთქება** apetkeba
una pelea	**ჩხუბი** chkhubi
¡Llame a la policía!	**გამოიძახეთ პოლიცია!** gamoidzakhet p'olitsia!
¡Más rápido, por favor!	**თუ შეიძლება, ჩქარა!** tu sheidzleba, chkara!
Busco la comisaría.	**მე ვეძებ პოლიციის განყოფილებას.** me vedzeb p'olitsiis ganqopilebas.
Tengo que hacer una llamada.	**მე უნდა დავრეკო.** me unda davrek'o.
¿Puedo usar su teléfono?	**შეიძლება დავრეკო?** sheidzleba davrek'o?
Me han …	**მე …** me …
asaltado /asaltada/	**გამძარცვეს** gamdzartsves
robado /robada/	**გამქურდეს** gamkurdes
violada	**გამაუპატიურეს** gamaup'at'iures
atacado /atacada/	**მცემეს** mtsemes
¿Se encuentra bien?	**თქვენ ყველაფერი რიგზე გაქვთ?** tkven qvelaperi rigze gakvt?
¿Ha visto quien a sido?	**თქვენ დაინახეთ, ვინ იყო?** tkven dainakhet, vin iqo?
¿Sería capaz de reconocer a la persona?	**თქვენ შეგიძლიათ ის იცნოთ?** tkven shegidzliat is itsnot?
¿Está usted seguro?	**თქვენ დარწმუნებული ხართ?** tkven darts'munebuli khart?
Por favor, cálmese.	**დაწყნარდით, თუ შეიძლება.** dats'qnardit, tu sheidzleba.
¡Cálmese!	**უფრო წყნარად!** upro ts'qnarad!
¡No se preocupe!	**ნუ ღელავთ.** nu ghelavt.
Todo irá bien.	**ყველაფერი კარგად იქნება.** qvelaperi k'argad ikneba.
Todo está bien.	**ყველაფერი რიგზეა.** qvelaperi rigzea.

Venga aquí, por favor.

აქ მობრძანდით, თუ შეიძლება.
ak mobrdzandit, tu sheidzleba.

Tengo unas preguntas para usted.

მე რამდენიმე კითხვა მაქვს თქვენთან.
me ramdenime k'itkhva makvs tkventan.

Espere un momento, por favor.

დაელოდეთ, თუ შეიძლება.
daelodet, tu sheidzleba.

¿Tiene un documento de identidad?

თქვენ გაქვთ საბუთები?
tkven gakvt sabutebi?

Gracias. Puede irse ahora.

გმადლობთ. შეგიძლიათ წაბრძანდეთ.
gmadlobt. shegidzliat ts'abrdzandet.

¡Manos detrás de la cabeza!

ხელები თავს უკან!
khelebi tavs uk'an!

¡Está arrestado!

თქვენ დაპატიმრებული ხართ!
tkven dap'at'imrebuli khart!

Problemas de salud

Ayudeme, por favor.	მიშველეთ, თუ შეიძლება. mishvelet, tu sheidzleba.
No me encuentro bien.	მე ცუდად ვარ. me tsudad var.
Mi marido no se encuentra bien.	ჩემი ქმარი ცუდად არის. chemi kmari tsudad aris.
Mi hijo …	ჩემი ვაჟი … chemi vazhi …
Mi padre …	ჩემი მამა … chemi mama …
Mi mujer no se encuentra bien.	ჩემი ცოლი ცუდად არის. chemi tsoli tsudad aris.
Mi hija …	ჩემი ქალიშვილი … chemi kalishvili …
Mi madre …	ჩემი დედა … chemi deda …
Me duele …	მე … მტკივა me … mt'k'iva
la cabeza	თავი tavi
la garganta	ყელი qeli
el estómago	მუცელი mutseli
un diente	კბილი k'bili
Estoy mareado.	მე თავბრუ მეხვევა. me tavbru mekhveva.
Él tiene fiebre.	მას სიცხე აქვს. mas sitskhe akvs.
Ella tiene fiebre.	მას სიცხე აქვს. mas sitskhe akvs.
No puedo respirar.	სუნთქვა არ შემიძლია. suntkva ar shemidzlia.
Me ahogo.	სული მეხუთება. suli mekhuteba.
Tengo asma.	მე ასთმა მაქვს. me astma makvs.
Tengo diabetes.	მე დიაბეტი მაქვს. me diabet'i makvs.

No puedo dormir.

მე უძილობა მჭირს.
me udziloba mch'irs.

intoxicación alimentaria

კვებითი მოწამვლა მაქვს
k'vebiti mots'amvla makvs

Me duele aquí.

აი აქ მტკივა.
ai ak mt'k'iva.

¡Ayúdeme!

მიშველეთ!
mishvelet!

¡Estoy aquí!

მე აქ ვარ!
me ak var!

¡Estamos aquí!

ჩვენ აქ ვართ!
chven ak vart!

¡Saquenme de aquí!

ამომიყვანეთ აქედან!
amomiqvanet akedan!

Necesito un médico.

მე ექიმი მჭირდება.
me ekimi mch'irdeba.

No me puedo mover.

მოძრაობა არ შემიძლია.
modzraoba ar shemidzlia.

No puedo mover mis piernas.

ფეხებს ვერ ვგრძნობ.
pekhebs ver vgrdznob.

Tengo una herida.

მე დაჭრილი ვარ.
me dach'rili var.

¿Es grave?

ეს სერიოზულია?
es seriozulia?

Mis documentos están en mi bolsillo.

ჩემი საბუთები ჯიბეშია.
chemi sabutebi jibeshia.

¡Cálmese!

დაწყნარდით!
dats'qnardit!

¿Puedo usar su teléfono?

შეიძლება დავრეკო?
sheidzleba davrek'o?

¡Llame a una ambulancia!

გამოიძახეთ სასწრაფო!
gamoidzakhet sasts'rapo!

¡Es urgente!

ეს სასწრაფოა!
es sasts'rapoa!

¡Es una emergencia!

ეს ძალიან სასწრაფოა!
es dzalian sasts'rapoa!

¡Más rápido, por favor!

თუ შეიძლება, ჩქარა!
tu sheidzleba, chkara!

¿Puede llamar a un médico, por favor?

ექიმი გამოიძახეთ, თუ შეიძლება.
ekimi gamoidzakhet, tu sheidzleba.

¿Dónde está el hospital?

მითხარით, სად არის საავადმყოფო?
mitkharit, sad aris saavadmqopo?

¿Cómo se siente?

როგორ გრძნობთ თავს?
rogor grdznobt tavs?

¿Se encuentra bien?

თქვენ ყველაფერი წესრიგში გაქვთ?
tkven qvelaperi ts'esrigshi gakvt?

¿Qué pasó?

რა მოხდა?
ra mokhda?

Me encuentro mejor.

მე უკვე უკეთ ვარ.
me uk've uk'et var.

Está bien.

ყველაფერი რიგზეა.
qvelaperi rigzea.

Todo está bien.

ყველაფერი კარგად არის.
qvelaperi k'argad aris.

En la farmacia

la farmacia	აფთიაქი aptiaki
la farmacia 24 horas	სადღეღამისო აფთიაქი sadgheghamiso aptiaki
¿Dónde está la farmacia más cercana?	სად არის უახლოესი აფთიაქი? sad aris uakhloesi aptiaki?

¿Está abierta ahora?	ის ახლა ღიაა? is akhla ghiaa?
¿A qué hora abre?	რომელ საათზე იხსნება? romel saatze ikhsneba?
¿A qué hora cierra?	რომელ საათამდე მუშაობს? romel saatamde mushaobs?

¿Está lejos?	ეს შორს არის? es shors aris?
¿Puedo llegar a pie?	მე მივალ იქამდე ფეხით? me mival ikamde pekhit?
¿Puede mostrarme en el mapa?	მაჩვენეთ რუკაზე, თუ შეიძლება. machvenet ruk'aze, tu sheidzleba.

Por favor, deme algo para …	მომეცით რამე, …-ის mometsit rame, …-is
un dolor de cabeza	თავის ტკივილის tavis t'k'ivilis
la tos	ხველების khvelebis
el resfriado	გაციების gatsivebis
la gripe	გრიპის grip'is

la fiebre	სიცხის sitskhis
un dolor de estomago	კუჭის ტკივილის k'uch'is t'k'ivilis
nauseas	გულისრევის gulisrevis
la diarrea	დიარეის diareis
el estreñimiento	კუჭში შეკრულობის k'uch'shi shek'rulobis
un dolor de espalda	ზურგის ტკივილი zurgis t'k'ivili

un dolor de pecho	მკერდის ტკივილი mk'erdis t'k'ivili
el flato	ტკივილი გვერდში t'k'ivili gverdshi
un dolor abdominal	ტკივილი მუცელში t'k'ivili mutselshi
la píldora	ტაბლეტი t'ablet'i
la crema	მალამო, კრემი malamo, k'remi
el jarabe	სიროფი siropi
el spray	სპრეი sp'rei
las gotas	წვეთები ts'vetebi
Tiene que ir al hospital.	თქვენ საავადმყოფოში უნდა იყოთ. tkven saavadmqoposhi unda iqot.
el seguro de salud	დაზღვევა dazghveva
la receta	რეცეპტი retsep't'i
el repelente de insectos	მწერების საწინააღმდეგო საშუალება mts'erebis sats'inaaghmdego sashualeba
la curita	ლეიკოპლასტირი leik'op'last'iri

Lo más imprescindible

Perdone, ...	უკაცრავად, ... uk'atsravad, ...
Hola.	გამარჯობა. gamarjoba.
Gracias.	გმადლობთ. gmadlobt.

Sí.	დიახ. diakh.
No.	არა. ara.
No lo sé.	არ ვიცი. ar vitsi.
¿Dónde? | ¿A dónde? | ¿Cuándo?	სად?| საით?| როდის? sad?| sait?| rodis?

Necesito ...	მე მჭირდება... me mch'irdeba...
Quiero ...	მე მინდა ... me minda ...
¿Tiene ...?	თქვენ გაქვთ ...? tkven gakvt ...?
¿Hay ... por aquí?	აქ არის ... ? ak aris ... ?
¿Puedo ...?	შემიძლია... ? shemidzlia... ?
..., por favor? (petición educada)	თუ შეიძლება tu sheidzleba

Busco ...	მე ვეძებ ... me vedzeb ...
el servicio	ტუალეტს t'ualet's
un cajero automático	ბანკომატს bank'omat's
una farmacia	აფთიაქს aptiaks
el hospital	საავადმყოფოს saavadmqopos

la comisaría	პოლიციის განყოფილებას p'olitsiis ganqopilebas
el metro	მეტროს met'ros

un taxi	ტაქსს t'akss
la estación de tren	რკინიგზის სადგურს rk'inigzis sadgurs

Me llamo …	მე მქვია … me mkvia …
¿Cómo se llama?	რა გქვიათ? ra gkviat?
¿Puede ayudarme, por favor?	დამეხმარეთ, თუ შეიძლება. damekhmaret, tu sheidzleba.
Tengo un problema.	პრობლემა მაქვს. p'roblema makvs.
Me encuentro mal.	ცუდად ვარ. tsudad var.
¡Llame a una ambulancia!	გამოიძახეთ სასწრაფო! gamoidzakhet sasts'rapo!
¿Puedo llamar, por favor?	შემიძლია დავრეკო? shemidzlia davrek'o?

Lo siento.	ბოდიშს გიხდით bodishs gikhdit
De nada.	არაფერს arapers

Yo	მე me
tú	შენ shen
él	ის is
ella	ის is
ellos	ისინი isini
ellas	ისინი isini
nosotros /nosotras/	ჩვენ chven
ustedes, vosotros	თქვენ tkven
usted	თქვენ tkven

ENTRADA	შესასვლელი shesasvleli
SALIDA	გასასვლელი gasasvleli
FUERA DE SERVICIO	არ მუშაობს ar mushaobs
CERRADO	დაკეტილია dak'et'ilia

ABIERTO	ღიაა ghiaa
PARA SEÑORAS	ქალებისთვის kalebistvis
PARA CABALLEROS	მამაკაცებისთვის mamak'atsebistvis

VOCABULARIO TEMÁTICO

Esta sección contiene más
de 3.000 de las palabras más
importantes. El diccionario
le proporcionará una ayuda
inestimable mientras viaja al
extranjero, porque las palabras
individuales son a menudo
suficientes para que
le entiendan.
El diccionario incluye una
transcripción adecuada
de cada palabra extranjera

T&P Books Publishing

CONTENIDO
DEL DICCIONARIO

T&P Books Publishing

T&P BOOKS

CONCEPTOS BÁSICOS

T&P Books Publishing

1. Los pronombres

yo	მე	me
tú	შენ	shen
él, ella, ello	ის	is

nosotros, -as	ჩვენ	chven
vosotros, -as	თქვენ	tkven
ellos, ellas	ისინი	isini

2. Saludos. Salutaciones

¡Hola! (fam.)	გამარჯობა!	gamarjoba!
¡Hola! (form.)	გამარჯობათ!	gamarjobat!
¡Buenos días!	დილა მშვიდობისა!	dila mshvidobisa!
¡Buenas tardes!	დღე მშვიდობისა!	dghe mshvidobisa!
¡Buenas noches!	საღამო მშვიდობისა!	saghamo mshvidobisa!

decir hola	მისალმება	misalmeba
¡Hola! (a un amigo)	სალამი!	salami!
saludo (m)	სალამი	salami
saludar (vt)	მისალმება	misalmeba
¿Cómo estás?	როგორ ხარ?	rogor khar?
¿Qué hay de nuevo?	რა არის ახალი?	ra aris akhali?

¡Chau! ¡Adiós!	ნახვამდის!	nakhvamdis!
¡Hasta pronto!	მომავალ შეხვედრამდე!	momaval shekhvedramde!
¡Adiós!	მშვიდობით!	mshvidobit!
despedirse (vr)	გამომშვიდობება	gamomshvidobeba
¡Hasta luego!	კარგად!	k'argad!

¡Gracias!	გმადლობთ!	gmadlobt!
¡Muchas gracias!	დიდი მადლობა!	didi madloba!
De nada	არაფრის	arapris
No hay de qué	მადლობად არ ღირს	madlobad ar ghirs
De nada	არაფრის	arapris

| ¡Disculpa! ¡Disculpe! | ბოდიში! | bodishi! |
| disculpar (vt) | პატიება | p'at'ieba |

disculparse (vr)	ბოდიშის მოხდა	bodishis mokhda
Mis disculpas	ბოდიში	bodishi
¡Perdóneme!	მაპატიეთ!	map'at'iet!
perdonar (vt)	პატიება	p'at'ieba

¡No pasa nada!	არა უშავს.	ara ushavs.
por favor	გეთაყვა	getaqva

¡No se le olvide!	არ დაგავიწყდეთ!	ar dagavits'qdet!
¡Ciertamente!	რა თქმა უნდა!	ra tkma unda!
¡Claro que no!	რა თქმა უნდა, არა!	ra tkma unda, ara!
¡De acuerdo!	თანახმა ვარ!	tanakhma var!
¡Basta!	საკმარისია!	sak'marisia!

3. Las preguntas

¿Quién?	ვინ?	vin?
¿Qué?	რა?	ra?
¿Dónde?	სად?	sad?
¿Adónde?	სად?	sad?
¿De dónde?	საიდან?	saidan?
¿Cuándo?	როდის?	rodis?
¿Para qué?	რისთვის?	ristvis?
¿Por qué?	რატომ?	rat'om?

¿Por qué razón?	რისთვის?	ristvis?
¿Cómo?	როგორ?	rogor?
¿Qué ...? (~ color)	როგორი?	rogori?
¿Cuál?	რომელი?	romeli?

¿A quién?	ვის?	vis?
¿De quién? (~ hablan ...)	ვიზე?	vize?
¿De qué?	რაზე?	raze?
¿Con quién?	ვისთან ერთად?	vistan ertad?
¿Cuánto?	რამდენი?	ramdeni?
¿De quién? (~ es este ...)	ვისი?	visi?

4. Las preposiciones

con ... (~ algn)	ერთად	ertad
sin ... (~ azúcar)	გარეშე	gareshe
a ... (p.ej. voy a México)	-ში	-shi
de ... (hablar ~)	შესახებ	shesakheb
antes de ...	წინ	ts'in
delante de ...	წინ	ts'in

debajo	ქვეშ	kvesh
sobre ..., encima de ...	ზემოთ	zemot
en, sobre (~ la mesa)	-ზე	-ze
de (origen)	-დან	-dan
de (fabricado de)	-გან	-gan
dentro de ...	-ში	-shi
encima de ...	-ზე	-ze

5. Las palabras útiles. Los adverbios. Unidad 1

¿Dónde?	სად?	sad?
aquí (adv)	აქ	ak
allí (adv)	იქ	ik

| en alguna parte | სადღაც | sadghats |
| en ninguna parte | არსად | arsad |

| junto a ... | -თან | -tan |
| junto a la ventana | ფანჯარასთან | panjarastan |

¿A dónde?	სად?	sad?
aquí (venga ~)	აქ	ak
allí (vendré ~)	იქ	ik
de aquí (adv)	აქედან	akedan
de allí (adv)	იქიდან	ikidan

| cerca (no lejos) | ახლოს | akhlos |
| lejos (adv) | შორს | shors |

cerca de ...	გვერდით	gverdit
al lado (de ...)	გვერდით	gverdit
no lejos (adv)	ახლო	akhlo

izquierdo (adj)	მარცხენა	martskhena
a la izquierda (situado ~)	მარცხნივ	martskhniv
a la izquierda (girar ~)	მარცხნივ	martskhniv

derecho (adj)	მარჯვენა	marjvena
a la derecha (situado ~)	მარჯვნივ	marjvniv
a la derecha (girar)	მარჯვნივ	marjvniv

delante (yo voy ~)	წინ	ts'in
delantero (adj)	წინა	ts'ina
adelante (movimiento)	წინ	ts'in

detrás de ...	უკან	uk'an
desde atrás	უკნიდან	uk'nidan
atrás (da un paso ~)	უკან	uk'an

| centro (m), medio (m) | შუა | shua |
| en medio (adv) | შუაში | shuashi |

de lado (adv)	გვერდიდან	gverdidan
en todas partes	ყველგან	qvelgan
alrededor (adv)	გარშემო	garshemo

de dentro (adv)	შიგნიდან	shignidan
a alguna parte	სადღაც	sadghats
todo derecho (adv)	პირდაპირ	p'irdap'ir

atrás (muévelo para ~)	უკან	uk'an
de alguna parte (adv)	საიდანმე	saidanme
no se sabe de dónde	საიდანღაც	saidanghats
primero (adv)	პირველ რიგში	p'irvel rigshi
segundo (adv)	მეორედ	meored
tercero (adv)	მესამედ	mesamed
de súbito (adv)	უცებ	utseb
al principio (adv)	თავდაპირველად	tavdap'irvelad
por primera vez	პირველად	p'irvelad
mucho tiempo antes …	დიდი ხნით ადრე	didi khnit adre
de nuevo (adv)	ხელახლა	khelakhla
para siempre (adv)	სამუდამოდ	samudamod
jamás, nunca (adv)	არასდროს	arasdros
de nuevo (adv)	ისევ	isev
ahora (adv)	ახლა	akhla
frecuentemente (adv)	ხშირად	khshirad
entonces (adv)	მაშინ	mashin
urgentemente (adv)	სასწრაფოდ	sasts'rapod
usualmente (adv)	ჩვეულებრივად	chveulebrivad
a propósito, …	სხვათა შორის	skhvata shoris
es probable	შესაძლოა	shesadzloa
probablemente (adv)	ალბათ	albat
tal vez	შეიძლება	sheidzleba
además …	ამას გარდა, …	amas garda, …
por eso …	ამიტომ	amit'om
a pesar de …	მიუხედავად	miukhedavad
gracias a …	წყალობით	ts'qalobit
qué (pron)	რა	ra
que (conj)	რომ	rom
algo (~ le ha pasado)	რაღაც	raghats
algo (~ así)	რაიმე	raime
nada (f)	არაფერი	araperi
quien	ვინ	vin
alguien (viene ~)	ვიღაც	vighats
alguien (¿ha llamado ~?)	ვინმე	vinme
nadie	არავინ	aravin
a ninguna parte	არსად	arsad
de nadie	არავისი	aravisi
de alguien	ვინმესი	vinmesi
tan, tanto (adv)	ასე	ase
también (~ habla francés)	აგრეთვე	agretve
también (p.ej. Yo ~)	-ც	-ts

6. Las palabras útiles. Los adverbios. Unidad 2

¿Por qué?	რატომ?	rat'om?
no se sabe porqué	რატომღაც	rat'omghats
porque …	იმიტომ, რომ …	imit'om, rom …
por cualquier razón (adv)	რატომღაც	rat'omghats
y (p.ej. uno y medio)	და	da
o (p.ej. té o café)	ან	an
pero (p.ej. me gusta, ~)	მაგრამ	magram
para (p.ej. es para ti)	-თვის	-tvis
demasiado (adv)	მეტისმეტად	met'ismet'ad
sólo, solamente (adv)	მხოლოდ	mkholod
exactamente (adv)	ზუსტად	zust'ad
unos …, cerca de … (~ 10 kg)	თითქმის	titkmis
aproximadamente	დაახლოებით	daakhloebit
aproximado (adj)	დაახლოებითი	daakhloebiti
casi (adv)	თითქმის	titkmis
resto (m)	დანარჩენი	danarcheni
cada (adj)	ყოველი	qoveli
cualquier (adj)	ნებისმიერი	nebismieri
mucho (adv)	ბევრი	bevri
muchos (mucha gente)	ბევრნი	bevrni
todos	ყველა	qvela
a cambio de …	ნაცვლად	natsvlad
en cambio (adv)	ნაცვლად	natsvlad
a mano (hecho ~)	ხელით	khelit
poco probable	საეჭვოა	saech'voa
probablemente	ალბათ	albat
a propósito (adv)	განზრახ	ganzrakh
por accidente (adv)	შემთხვევით	shemtkhvevit
muy (adv)	ძალიან	dzalian
por ejemplo (adv)	მაგალითად	magalitad
entre (~ nosotros)	შორის	shoris
entre (~ otras cosas)	შორის	shoris
tanto (~ gente)	ამდენი	amdeni
especialmente (adv)	განსაკუთრებით	gansak'utrebit

NÚMEROS. MISCELÁNEA

T&P Books Publishing

7. Números cardinales. Unidad 1

cero	ნული	nuli
uno	ერთი	erti
dos	ორი	ori
tres	სამი	sami
cuatro	ოთხი	otkhi
cinco	ხუთი	khuti
seis	ექვსი	ekvsi
siete	შვიდი	shvidi
ocho	რვა	rva
nueve	ცხრა	tskhra
diez	ათი	ati
once	თერთმეტი	tertmet'i
doce	თორმეტი	tormet'i
trece	ცამეტი	tsamet'i
catorce	თოთხმეტი	totkhmet'i
quince	თხუთმეტი	tkhutmet'i
dieciséis	თექვსმეტი	tekvsmet'i
diecisiete	ჩვიდმეტი	chvidmet'i
dieciocho	თვრამეტი	tvramet'i
diecinueve	ცხრამეტი	tskhramet'i
veinte	ოცი	otsi
veintiuno	ოცდაერთი	otsdaerti
veintidós	ოცდაორი	otsdaori
veintitrés	ოცდასამი	otsdasami
treinta	ოცდაათი	otsdaati
treinta y uno	ოცდათერთმეტი	otsdatertmet'i
treinta y dos	ოცდათორმეტი	otsdatormet'i
treinta y tres	ოცდაცამეტი	otsdatsamet'i
cuarenta	ორმოცი	ormotsi
cuarenta y uno	ორმოცდაერთი	ormotsdaerti
cuarenta y dos	ორმოცდაორი	ormotsdaori
cuarenta y tres	ორმოცდასამი	ormotsdasami
cincuenta	ორმოცდაათი	ormotsdaati
cincuenta y uno	ორმოცდათერთმეტი	ormotsdatertmet'i
cincuenta y dos	ორმოცდათორმეტი	ormotsdatormet'i
cincuenta y tres	ორმოცდაცამეტი	ormotsdatsamet'i
sesenta	სამოცი	samotsi

sesenta y uno	სამოცდაერთი	samotsdaerti
sesenta y dos	სამოცდაორი	samotsdaori
sesenta y tres	სამოცდასამი	samotsdasami
setenta	სამოცდაათი	samotsdaati
setenta y uno	სამოცდათერთმეტი	samotsdatertmet'i
setenta y dos	სამოცდათორმეტი	samotsdatormet'i
setenta y tres	სამოცდაცამეტი	samotsdatsamet'i
ochenta	ოთხმოცი	otkhmotsi
ochenta y uno	ოთხმოცდაერთი	otkhmotsdaerti
ochenta y dos	ოთხმოცდაორი	otkhmotsdaori
ochenta y tres	ოთხმოცდასამი	otkhmotsdasami
noventa	ოთხმოცდაათი	otkhmotsdaati
noventa y uno	ოთხმოცდათერთმეტი	otkhmotsdatertmet'i
noventa y dos	ოთხმოცდათორმეტი	otkhmotsdatormet'i
noventa y tres	ოთხმოცდაცამეტი	otkhmotsdatsamet'i

8. Números cardinales. Unidad 2

cien	ასი	asi
doscientos	ორასი	orasi
trescientos	სამასი	samasi
cuatrocientos	ოთხასი	otkhasi
quinientos	ხუთასი	khutasi
seiscientos	ექვსასი	ekvsasi
setecientos	შვიდასი	shvidasi
ochocientos	რვაასი	rvaasi
novecientos	ცხრაასი	tskhraasi
mil	ათასი	atasi
dos mil	ორი ათასი	ori atasi
tres mil	სამი ათასი	sami atasi
diez mil	ათი ათასი	ati atasi
cien mil	ასი ათასი	asi atasi
millón (m)	მილიონი	milioni
mil millones	მილიარდი	miliardi

9. Números ordinales

primero (adj)	პირველი	p'irveli
segundo (adj)	მეორე	meore
tercero (adj)	მესამე	mesame
cuarto (adj)	მეოთხე	meotkhe
quinto (adj)	მეხუთე	mekhute
sexto (adj)	მეექვსე	meekvse

séptimo (adj)	მეშვიდე	meshvide
octavo (adj)	მერვე	merve
noveno (adj)	მეცხრე	metskhre
décimo (adj)	მეათე	meate

T&P BOOKS

LOS COLORES.
LAS UNIDADES DE MEDIDA

T&P Books Publishing

10. Los colores

color (m)	ფერი	peri
matiz (m)	ელფერი	elperi
tono (m)	ტონი	t'oni
arco (m) iris	ცისარტყელა	tsisart'qela

blanco (adj)	თეთრი	tetri
negro (adj)	შავი	shavi
gris (adj)	რუხი	rukhi

verde (adj)	მწვანე	mts'vane
amarillo (adj)	ყვითელი	qviteli
rojo (adj)	წითელი	ts'iteli
azul (adj)	ლურჯი	lurji
azul claro (adj)	ცისფერი	tsisperi
rosa (adj)	ვარდისფერი	vardisperi
naranja (adj)	ნარინჯისფერი	narinjisperi
violeta (adj)	იისფერი	iisperi
marrón (adj)	ყავისფერი	qavisperi

dorado (adj)	ოქროსფერი	okrosperi
argentado (adj)	ვერცხლისფერი	vertskhlisperi
beige (adj)	ჩალისფერი	chalisperi
crema (adj)	კრემისფერი	k'remisperi
turquesa (adj)	ფირუზისფერი	piruzisperi
rojo cereza (adj)	ალუბლისფერი	alublisperi
lila (adj)	ლილისფერი	lilisperi
carmesí (adj)	ჟოლოსფერი	zholosperi

claro (adj)	ღია ფერისა	ghia perisa
oscuro (adj)	მუქი	muki
vivo (adj)	კაშკაშა	k'ashk'asha

de color (lápiz ~)	ფერადი	peradi
en colores (película ~)	ფერადი	peradi
blanco y negro (adj)	შავ-თეთრი	shav-tetri
unicolor (adj)	ერთფეროვანი	ertperovani
multicolor (adj)	მრავალფეროვანი	mravalperovani

11. Las unidades de medida

peso (m)	წონა	ts'ona
longitud (f)	სიგრძე	sigrdze

anchura (f)	სიგანე	sigane
altura (f)	სიმაღლე	simaghle
profundidad (f)	სიღრმე	sighrme
volumen (m)	მოცულობა	motsuloba
área (f)	ფართობი	partobi

gramo (m)	გრამი	grami
miligramo (m)	მილიგრამი	miligrami
kilogramo (m)	კილოგრამი	k'ilogrami
tonelada (f)	ტონა	t'ona
libra (f)	გირვანქა	girvanka
onza (f)	უნცია	untsia

metro (m)	მეტრი	met'ri
milímetro (m)	მილიმეტრი	milimet'ri
centímetro (m)	სანტიმეტრი	sant'imet'ri
kilómetro (m)	კილომეტრი	k'ilomet'ri
milla (f)	მილი	mili

pulgada (f)	დუიმი	duimi
pie (m)	ფუტი	put'i
yarda (f)	იარდი	iardi

metro (m) cuadrado	კვადრატული მეტრი	k'vadrat'uli met'ri
hectárea (f)	ჰექტარი	hek't'ari
litro (m)	ლიტრი	lit'ri
grado (m)	გრადუსი	gradusi
voltio (m)	ვოლტი	volt'i
amperio (m)	ამპერი	amp'eri
caballo (m) de fuerza	ცხენის ძალა	tskhenis dzala

cantidad (f)	რაოდენობა	raodenoba
un poco de …	ცოტაოდენი …	tsot'aodeni …
mitad (f)	ნახევარი	nakhevari
docena (f)	დუჟინი	duzhini
pieza (f)	ცალი	tsali

| dimensión (f) | ზომა | zoma |
| escala (f) (del mapa) | მასშტაბი | massht'abi |

mínimo (adj)	მინიმალური	minimaluri
el más pequeño (adj)	უმცირესი	umtsiresi
medio (adj)	საშუალო	sashualo
máximo (adj)	მაქსიმალური	maksimaluri
el más grande (adj)	უდიდესი	udidesi

12. Contenedores

| tarro (m) de vidrio | ქილა | kila |
| lata (f) | ქილა | kila |

cubo (m)	ვედრო	vedro
barril (m)	კასრი	k'asri
palangana (f)	ტაშტი	t'asht'i
tanque (m)	ბაკი	bak'i
petaca (f) (de alcohol)	მათარა	matara
bidón (m) de gasolina	კანისტრა	k'anist'ra
cisterna (f)	ცისტერნა	tsist'erna
taza (f) (mug de cerámica)	კათხა	k'atkha
taza (f) (~ de café)	ფინჯანი	pinjani
platillo (m)	ლამბაქი	lambaki
vaso (m) (~ de agua)	ჭიქა	ch'ika
copa (f) (~ de vino)	ბოკალი	bok'ali
olla (f)	ქვაბი	kvabi
botella (f)	ბოთლი	botli
cuello (m) de botella	ყელი	qeli
garrafa (f)	გრაფინი	grapini
jarro (m) (~ de agua)	დოქი	doki
recipiente (m)	ჭურჭელი	ch'urch'eli
tarro (m)	ქოთანი	kotani
florero (m)	ლარნაკი	larnak'i
frasco (m) (~ de perfume)	ფლაკონი	plak'oni
frasquito (m)	შუშა	shusha
tubo (m)	ტუბი	t'ubi
saco (m) (~ de azúcar)	ტომარა	t'omara
bolsa (f) (~ plástica)	პაკეტი	p'ak'et'i
paquete (m) (~ de cigarrillos)	შეკვრა	shek'vra
caja (f)	კოლოფი	k'olopi
cajón (m) (~ de madera)	ყუთი	quti
cesta (f)	კალათი	k'alati

T&P BOOKS

LOS VERBOS MÁS IMPORTANTES

T&P Books Publishing

13. Los verbos más importantes. Unidad 1

abrir (vt)	გაღება	gagheba
acabar, terminar (vt)	დამთავრება	damtavreba
aconsejar (vt)	რჩევა	rcheva
adivinar (vt)	გამოცნობა	gamotsnoba
advertir (vt)	გაფრთხილება	gaprtkhileba
alabarse, jactarse (vr)	ტრაბახი	t'rabakhi
almorzar (vi)	სადილობა	sadiloba
alquilar (~ una casa)	დაქირავება	dakiraveba
amenazar (vt)	დამუქრება	damukreba
arrepentirse (vr)	სინანული	sinanuli
ayudar (vt)	დახმარება	dakhmareba
bañarse (vr)	ბანაობა	banaoba
bromear (vi)	ხუმრობა	khumroba
buscar (vt)	ძებნა	dzebna
caer (vi)	ვარდნა	vardna
callarse (vr)	დუმილი	dumili
cambiar (vt)	შეცვლა	shetsvla
castigar, punir (vt)	დასჯა	dasja
cavar (vt)	თხრა	tkhra
cazar (vi, vt)	ნადირობა	nadiroba
cenar (vi)	ვახშმობა	vakhshmoba
cesar (vt)	შეწყვეტა	shets'qvet'a
coger (vt)	ჭერა	ch'era
comenzar (vt)	დაწყება	dats'qeba
comparar (vt)	შედარება	shedareba
comprender (vt)	გაგება	gageba
confiar (vt)	ნდობა	ndoba
confundir (vt)	არევა	areva
conocer (~ a alguien)	ცნობა	tsnoba
contar (vt) (enumerar)	დათვლა	datvla
contar con ...	იმედის ქონა	imedis kona
continuar (vt)	გაგრძელება	gagrdzeleba
controlar (vt)	კონტროლის გაწევა	k'ont'rolis gats'eva
correr (vi)	გაქცევა	gaktseva
costar (vt)	ღირება	ghireba
crear (vt)	შექმნა	shekmna

14. Los verbos más importantes. Unidad 2

dar (vt)	მიცემა	mitsema
dar una pista	კარნახი	k'arnakhi
decir (vt)	თქმა	tkma
decorar (para la fiesta)	მორთვა	mortva
defender (vt)	დაცვა	datsva
dejar caer	ხელიდან გავარდნა	khelidan gavardna
desayunar (vi)	საუზმობა	sauzmoba
descender (vi)	ჩასვლა	chasvla
dirigir (administrar)	ხელმძღვანელობა	khelmdzghvaneloba
disculparse (vr)	ბოდიშის მოხდა	bodishis mokhda
discutir (vt)	განხილვა	gankhilva
dudar (vt)	დაეჭვება	daech'veba
encontrar (hallar)	პოვნა	p'ovna
engañar (vi, vt)	მოტყუება	mot'queba
entrar (vi)	შემოსვლა	shemosvla
enviar (vt)	გაგზავნა	gagzavna
equivocarse (vr)	შეცდომა	shetsdoma
escoger (vt)	არჩევა	archeva
esconder (vt)	დამალვა	damalva
escribir (vt)	წერა	ts'era
esperar (aguardar)	ლოდინი	lodini
esperar (tener esperanza)	იმედოვნება	imedovneba
estar de acuerdo	დათანხმება	datankhmeba
estudiar (vt)	შესწავლა	shests'avla
exigir (vt)	მოთხოვნა	motkhovna
existir (vi)	არსებობა	arseboba
explicar (vt)	ახსნა	akhsna
faltar (a las clases)	გაცდენა	gatsdena
firmar (~ el contrato)	ხელის მოწერა	khelis mots'era
girar (~ a la izquierda)	მობრუნება	mobruneba
gritar (vi)	ყვირილი	qvirili
guardar (conservar)	შენახვა	shenakhva
gustar (vi)	მოწონება	mots'oneba
hablar (vi, vt)	ლაპარაკი	lap'arak'i
hacer (vt)	კეთება	k'eteba
informar (vt)	ინფორმირება	inpormireba
insistir (vi)	დაჟინება	dazhineba
insultar (vt)	შეურაცხყოფა	sheuratskhqopa
interesarse (vr)	დაინტერესება	daint'ereseba
invitar (vt)	მოწვევა	mots'veva

ir (a pie)	სვლა	svla
jugar (divertirse)	თამაში	tamashi

15. Los verbos más importantes. Unidad 3

leer (vi, vt)	კითხვა	k'itkhva
liberar (ciudad, etc.)	გათავისუფლება	gatavisupleba
llamar (por ayuda)	დაძახება	dadzakheba
llegar (vi)	ჩამოსვლა	chamosvla
llorar (vi)	ტირილი	t'irili
matar (vt)	მოკვლა	mok'vla
mencionar (vt)	ხსენება	khseneba
mostrar (vt)	ჩვენება	chveneba
nadar (vi)	ცურვა	tsurva
negarse (vr)	უარის თქმა	uaris tkma
objetar (vt)	წინააღმდეგ ყოფნა	ts'inaaghmdeg qopna
observar (vt)	დაკვირვება	dak'virveba
oír (vt)	სმენა	smena
olvidar (vt)	დავიწყება	davits'qeba
orar (vi)	ლოცვა	lotsva
ordenar (mil.)	ბრძანება	brdzaneba
pagar (vi, vt)	გადახდა	gadakhda
pararse (vr)	გაჩერება	gachereba
participar (vi)	მონაწილეობა	monats'ileoba
pedir (ayuda, etc.)	თხოვნა	tkhovna
pedir (en restaurante)	შეკვეთა	shek'veta
pensar (vi, vt)	ფიქრი	pikri
percibir (ver)	შენიშვნა	shenishvna
perdonar (vt)	პატიება	p'at'ieba
permitir (vt)	ნების დართვა	nebis dartva
pertenecer a ...	კუთვნება	k'utvneba
planear (vt)	დაგეგმვა	dagegmva
poder (v aux)	შეძლება	shedzleba
poseer (vt)	ფლობა	ploba
preferir (vt)	მჯობინება	mjobineba
preguntar (vt)	კითხვა	k'itkhva
preparar (la cena)	მზადება	mzadeba
prever (vt)	გათვალისწინება	gatvalists'ineba
probar, tentar (vt)	ცდა	tsda
prometer (vt)	დაპირება	dap'ireba
pronunciar (vt)	წარმოთქმა	ts'armotkma
proponer (vt)	შეთავაზება	shetavazeba
quebrar (vt)	ტეხა	t'ekha

quejarse (vr)	ჩივილი	chivili
querer (amar)	სიყვარული	siqvaruli
querer (desear)	ნდომა	ndoma

16. Los verbos más importantes. Unidad 4

recomendar (vt)	რეკომენდაციის მიცემა	rek'omendatsiis mitsema
regañar, reprender (vt)	ლანძღვა	landzghva
reírse (vr)	სიცილი	sitsili
repetir (vt)	გამეორება	gameoreba
reservar (~ una mesa)	რეზერვირება	rezervireba
responder (vi, vt)	პასუხის გაცემა	p'asukhis gatsema

robar (vt)	პარვა	p'arva
saber (~ algo mas)	ცოდნა	tsodna
salir (vi)	გამოსვლა	gamosvla
salvar (vt)	გადარჩენა	gadarchena
seguir ...	მიდევნა	midevna
sentarse (vr)	დაჯდომა	dajdoma

ser necesario	საჭიროება	sach'iroeba
ser, estar (vi)	ყოფნა	qopna
significar (vt)	აღნიშვნა	aghnishvna
sonreír (vi)	გაღიმება	gaghimeba
sorprenderse (vr)	გაკვირვება	gak'virveba

subestimar (vt)	არშეფასება	arshepaseba
tener (anim.)	ყოლა	qola
tener (inanim.)	ქონა	kona
tener miedo	შიში	shishi

tener prisa	აჩქარება	achkareba
tirar, disparar (vi)	სროლა	srola
tocar (con las manos)	ხელის ხლება	khelis khleba
tomar (vt)	აღება	agheba
tomar nota	ჩაწერა	chats'era

trabajar (vi)	მუშაობა	mushaoba
traducir (vt)	თარგმნა	targmna
unir (vt)	გაერთიანება	gaertianeba
vender (vt)	გაყიდვა	gaqidva
ver (vt)	ხედვა	khedva
volar (pájaro, avión)	ფრენა	prena

LA HORA. EL CALENDARIO

T&P Books Publishing

17. Los días de la semana

lunes (m)	ორშაბათი	orshabati
martes (m)	სამშაბათი	samshabati
miércoles (m)	ოთხშაბათი	otkhshabati
jueves (m)	ხუთშაბათი	khutshabati
viernes (m)	პარასკევი	p'arask'evi
sábado (m)	შაბათი	shabati
domingo (m)	კვირა	k'vira
hoy (adv)	დღეს	dghes
mañana (adv)	ხვალ	khval
pasado mañana	ზეგ	zeg
ayer (adv)	გუშინ	gushin
anteayer (adv)	გუშინწინ	gushints'in
día (m)	დღე	dghe
día (m) de trabajo	სამუშაო დღე	samushao dghe
día (m) de fiesta	სადღესასწაულო დღე	sadghesasts'aulo dghe
día (m) de descanso	დასვენების დღე	dasvenebis dghe
fin (m) de semana	დასვენების დღეები	dasvenebis dgheebi
todo el día	მთელი დღე	mteli dghe
al día siguiente	მომდევნო დღეს	momdevno dghes
dos días atrás	ორი დღის წინ	ori dghis ts'in
en vísperas (adv)	წინადღეს	ts'inadghes
diario (adj)	ყოველდღიური	qoveldghiuri
cada día (adv)	ყოველდღიურად	qoveldghiurad
semana (f)	კვირა	k'vira
semana (f) pasada	გასულ კვირას	gasul k'viras
semana (f) que viene	მომდევნო კვირას	momdevno k'viras
semanal (adj)	ყოველკვირეული	qovelk'vireuli
cada semana (adv)	ყოველკვირეულად	qovelk'vireulad
2 veces por semana	კვირაში ორჯერ	k'virashi orjer
todos los martes	ყოველ სამშაბათს	qovel samshabats

18. Las horas. El día y la noche

mañana (f)	დილა	dila
por la mañana	დილით	dilit
mediodía (m)	შუადღე	shuadghe
por la tarde	სადილის შემდეგ	sadilis shemdeg
noche (f)	საღამო	saghamo

por la noche	საღამოს	saghamos
noche (f) (p.ej. 2:00 a.m.)	ღამე	ghame
por la noche	ღამით	ghamit
medianoche (f)	შუაღამე	shuaghame
segundo (m)	წამი	ts'ami
minuto (m)	წუთი	ts'uti
hora (f)	საათი	saati
media hora (f)	ნახევარი საათი	nakhevari saati
cuarto (m) de hora	თხუთმეტი წუთი	tkhutmet'i ts'uti
quince minutos	თხუთმეტი წუთი	tkhutmet'i ts'uti
veinticuatro horas	დღე-ღამე	dghe-ghame
salida (f) del sol	მზის ამოსვლა	mzis amosvla
amanecer (m)	განთიადი	gantiadi
madrugada (f)	ადრიანი დილა	adriani dila
puesta (f) del sol	მზის ჩასვლა	mzis chasvla
de madrugada	დილით ადრე	dilit adre
esta mañana	დღეს დილით	dghes dilit
mañana por la mañana	ხვალ დილით	khval dilit
esta tarde	დღეს	dghes
por la tarde	სადილის შემდეგ	sadilis shemdeg
mañana por la tarde	ხვალ სადილის შემდეგ	khval sadilis shemdeg
esta noche (p.ej. 8:00 p.m.)	დღეს საღამოს	dghes saghamos
mañana por la noche	ხვალ საღამოს	khval saghamos
a las tres en punto	ზუსტად სამ საათზე	zust'ad sam saatze
a eso de las cuatro	დაახლოებით ოთხი საათი	daakhloebit otkhi saati
para las doce	თორმეტი საათისთვის	tormet'i saatistvis
dentro de veinte minutos	ოც წუთში	ots ts'utshi
dentro de una hora	ერთ საათში	ert saatshi
a tiempo (adv)	დროულად	droulad
... menos cuarto	თხუთმეტი წუთი აკლია	tkhutmet'i ts'uti ak'lia
durante una hora	საათის განმავლობაში	saatis ganmavlobashi
cada quince minutos	ყოველ თხუთმეტ წუთში	qovel tkhutmet' ts'utshi
día y noche	დღე-ღამის განმავლობაში	dghe-ghamis ganmavlobashi

19. Los meses. Las estaciones

enero (m)	იანვარი	ianvari
febrero (m)	თებერვალი	tebervali
marzo (m)	მარტი	mart'i

abril (m)	აპრილი	ap'rili
mayo (m)	მაისი	maisi
junio (m)	ივნისი	ivnisi
julio (m)	ივლისი	ivlisi
agosto (m)	აგვისტო	agvist'o
septiembre (m)	სექტემბერი	sekt'emberi
octubre (m)	ოქტომბერი	okt'omberi
noviembre (m)	ნოემბერი	noemberi
diciembre (m)	დეკემბერი	dek'emberi
primavera (f)	გაზაფხული	gazapkhuli
en primavera	გაზაფხულზე	gazapkhulze
de primavera (adj)	გაზაფხულისა	gazapkhulisa
verano (m)	ზაფხული	zapkhuli
en verano	ზაფხულში	zapkhulshi
de verano (adj)	ზაფხულისა	zapkhulisa
otoño (m)	შემოდგომა	shemodgoma
en otoño	შემოდგომაზე	shemodgomaze
de otoño (adj)	შემოდგომისა	shemodgomisa
invierno (m)	ზამთარი	zamtari
en invierno	ზამთარში	zamtarshi
de invierno (adj)	ზამთრის	zamtris
mes (m)	თვე	tve
este mes	ამ თვეში	am tveshi
al mes siguiente	მომდევნო თვეს	momdevno tves
el mes pasado	გასულ თვეს	gasul tves
hace un mes	ერთი თვის წინ	erti tvis ts'in
dentro de un mes	ერთი თვის შემდეგ	erti tvis shemdeg
dentro de dos meses	ორი თვის შემდეგ	ori tvis shemdeg
todo el mes	მთელი თვე	mteli tve
todo un mes	მთელი თვე	mteli tve
mensual (adj)	ყოველთვიური	qoveltviuri
mensualmente (adv)	ყოველთვიურად	qoveltviurad
cada mes	ყოველ თვე	qovel tve
dos veces por mes	თვეში ორჯერ	tveshi orjer
año (m)	წელი	ts'eli
este año	წელს	ts'els
el próximo año	მომავალ წელს	momaval ts'els
el año pasado	შარშან	sharshan
hace un año	ერთი წლის წინ	erti ts'lis ts'in
dentro de un año	ერთი წლის შემდეგ	erti ts'lis shemdeg
dentro de dos años	ორი წლის შემდეგ	ori ts'lis shemdeg
todo el año	მთელი წელი	mteli ts'eli

todo un año	მთელი წელი	mteli ts'eli
cada año	ყოველ წელს	qovel ts'els
anual (adj)	ყოველწლიური	qovelts'liuri
anualmente (adv)	ყოველწლიურად	qovelts'liurad
cuatro veces por año	წელიწადში ოთხჯერ	ts'elits'adshi otkhjer
fecha (f) (la ~ de hoy es …)	რიცხვი	ritskhvi
fecha (f) (~ de entrega)	თარიღი	tarighi
calendario (m)	კალენდარი	k'alendari
medio año (m)	ნახევარი წელი	nakhevari ts'eli
seis meses	ნახევარწელი	nakhevarts'eli
estación (f)	სეზონი	sezoni
siglo (m)	საუკუნე	sauk'une

EL VIAJE. EL HOTEL

T&P Books Publishing

20. Las vacaciones. El viaje

turismo (m)	ტურიზმი	t'urizmi
turista (m)	ტურისტი	t'urist'i
viaje (m)	მოგზაურობა	mogzauroba
aventura (f)	თავგადასავალი	tavgadasavali
viaje (m) (p.ej. ~ en coche)	ხანმოკლე მოგზაურობა	khanmok'le mogzauroba
vacaciones (f pl)	შვებულება	shvebuleba
estar de vacaciones	შვებულებაში ყოფნა	shvebulebashi qopna
descanso (m)	დასვენება	dasveneba
tren (m)	მატარებელი	mat'arebeli
en tren	მატარებლით	mat'areblit
avión (m)	თვითმფრინავი	tvitmprinavi
en avión	თვითმფრინავით	tvitmprinavit
en coche	ავტომობილით	avt'omobilit
en barco	გემით	gemit
equipaje (m)	ბარგი	bargi
maleta (f)	ჩემოდანი	chemodani
carrito (m) de equipaje	ურიკა	urik'a
pasaporte (m)	პასპორტი	p'asp'ort'i
visado (m)	ვიზა	viza
billete (m)	ბილეთი	bileti
billete (m) de avión	ავიაბილეთი	aviabileti
guía (f) (libro)	მეგზური	megzuri
mapa (m)	რუკა	ruk'a
área (f) (~ rural)	ადგილი	adgili
lugar (m)	ადგილი	adgili
exotismo (m)	ეგზოტიკა	egzot'ik'a
exótico (adj)	ეგზოტიკური	egzot'ik'uri
asombroso (adj)	საოცარი	saotsari
grupo (m)	ჯგუფი	jgupi
excursión (f)	ექსკურსია	eksk'ursia
guía (m) (persona)	ექსკურსიის მძღოლი	eksk'ursiis mdzgholi

21. El hotel

hotel (m)	სასტუმრო	sast'umro
motel (m)	მოტელი	mot'eli

de tres estrellas	სამი ვარსკვლავი	sami varsk'vlavi
de cinco estrellas	ხუთი ვარსკვლავი	khuti varsk'vlavi
hospedarse (vr)	გაჩერება	gachereba
habitación (f)	ნომერი	nomeri
habitación (f) individual	ერთადგილიანი ნომერი	ertadgiliani nomeri
habitación (f) doble	ორადგილიანი ნომერი	oradgiliani nomeri
reservar una habitación	ნომერის დაჯავშნა	nomeris dajavshna
media pensión (f)	ნახევარპანსიონი	nakhevarp'ansioni
pensión (f) completa	სრული პანსიონი	sruli p'ansioni
con baño	სააბაზანოთი	saabazanoti
con ducha	შხაპით	shkhap'it
televisión (f) satélite	თანამგზავრული ტელევიზია	tanamgzavruli t'elevizia
climatizador (m)	კონდიციონერი	k'onditsioneri
toalla (f)	პირსახოცი	p'irsakhotsi
llave (f)	გასაღები	gasaghebi
administrador (m)	ადმინისტრატორი	administ'rat'ori
camarera (f)	მოახლე	moakhle
maletero (m)	მებარგული	mebarguli
portero (m)	პორტიე	p'ort'ie
restaurante (m)	რესტორანი	rest'orani
bar (m)	ბარი	bari
desayuno (m)	საუზმე	sauzme
cena (f)	ვახშამი	vakhshami
buffet (m) libre	შვედური მაგიდა	shveduri magida
vestíbulo (m)	ვესტიბიული	vest'ibiuli
ascensor (m)	ლიფტი	lipt'i
NO MOLESTAR	ნუ შემაწუხებთ	nu shemats'ukhebt
PROHIBIDO FUMAR	ნუ მოსწევთ!	nu mosts'evt!

22. El turismo. La excursión

monumento (m)	ძეგლი	dzegli
fortaleza (f)	ციხე-სიმაგრე	tsikhe-simagre
palacio (m)	სასახლე	sasakhle
castillo (m)	ციხე-დარბაზი	tsikhe-darbazi
torre (f)	კოშკი	k'oshk'i
mausoleo (m)	მავზოლეუმი	mavzoleumi
arquitectura (f)	არქიტექტურა	arkit'ekt'ura
medieval (adj)	შუა საუკუნეებისა	shua sauk'uneebisa
antiguo (adj)	ძველებური	dzveleburi
nacional (adj)	ეროვნული	erovnuli

conocido (adj)	ცნობილი	tsnobili
turista (m)	ტურისტი	t'urist'i
guía (m) (persona)	გიდი	gidi
excursión (f)	ექსკურსია	eksk'ursia
mostrar (vt)	ჩვენება	chveneba
contar (una historia)	მოთხრობა	motkhroba

encontrar (hallar)	პოვნა	p'ovna
perderse (vr)	დაკარგვა	dak'argva
plano (m) (~ de metro)	სქემა	skema
mapa (m) (~ de la ciudad)	გეგმა	gegma

recuerdo (m)	სუვენირი	suveniri
tienda (f) de regalos	სუვენირების მაღაზია	suvenirebis maghazia
hacer fotos	სურათის გადაღება	suratis gadagheba
fotografiarse (vr)	სურათის გადაღება	suratis gadagheba

T&P BOOKS

EL TRANSPORTE

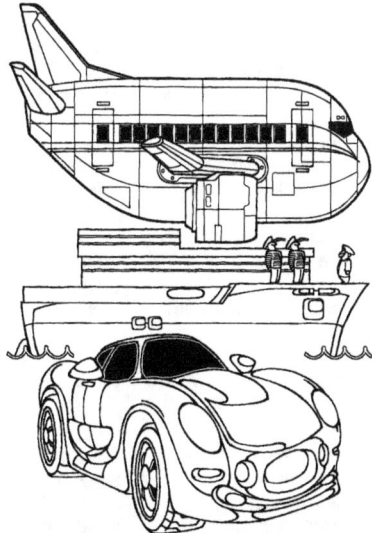

T&P Books Publishing

23. El aeropuerto

aeropuerto (m)	აეროპორტი	aerop'ort'i
avión (m)	თვითმფრინავი	tvitmprinavi
compañía (f) aérea	ავიაკომპანია	aviak'omp'ania
controlador (m) aéreo	დისპეჩერი	disp'echeri
despegue (m)	გაფრენა	gaprena
llegada (f)	მოფრენა	moprena
llegar (en avión)	მოფრენა	moprena
hora (f) de salida	გაფრენის დრო	gaprenis dro
hora (f) de llegada	მოფრენის დრო	moprenis dro
retrasarse (vr)	დაგვიანება	dagvianeba
retraso (m) de vuelo	გაფრენის დაგვიანება	gaprenis dagvianeba
pantalla (f) de información	საინფორმაციო ტაბლო	sainpormatsio t'ablo
información (f)	ინფორმაცია	inpormatsia
anunciar (vt)	გამოცხადება	gamotskhadeba
vuelo (m)	რეისი	reisi
aduana (f)	საბაჟო	sabazho
aduanero (m)	მებაჟე	mebazhe
declaración (f) de aduana	დეკლარაცია	dek'laratsia
rellenar la declaración	დეკლარაციის შევსება	dek'laratsiis shevseba
control (m) de pasaportes	საპასპორტო კონტროლი	sap'asp'ort'o k'ont'roli
equipaje (m)	ბარგი	bargi
equipaje (m) de mano	ხელის ბარგი	khelis bargi
carrito (m) de equipaje	ურიკა	urik'a
aterrizaje (m)	დაჯდომა	dajdoma
pista (f) de aterrizaje	დასაფრენი ზოლი	dasapreni zoli
aterrizar (vi)	დაჯდომა	dajdoma
escaleras (f pl) (de avión)	ტრაპი	t'rap'i
facturación (f) (check-in)	რეგისტრაცია	regist'ratsia
mostrador (m) de facturación	სარეგისტრაციო დგარი	saregist'ratsio dgari
hacer el check-in	დარეგისტრირება	daregist'rireba
tarjeta (f) de embarque	ჩასაჯდომი ტალონი	chasajdomi t'aloni
puerta (f) de embarque	გასვლა	gasvla
tránsito (m)	ტრანზიტი	t'ranzit'i
esperar (aguardar)	ლოდინი	lodini

zona (f) de preembarque	მოსაცდელი დარბაზი	mosatsdeli darbazi
despedir (vt)	გაცილება	gatsileba
despedirse (vr)	გამომშვიდობება	gamomshvidobeba

24. El avión

avión (m)	თვითმფრინავი	tvitmprinavi
billete (m) de avión	ავიაბილეთი	aviabileti
compañía (f) aérea	ავიაკომპანია	aviak'omp'ania
aeropuerto (m)	აეროპორტი	aerop'ort'i
supersónico (adj)	ზებგერითი	zebgeriti

comandante (m)	ხომალდის მეთაური	khomaldis metauri
tripulación (f)	ეკიპაჟი	ek'ip'azhi
piloto (m)	პილოტი	p'ilot'i
azafata (f)	სტიუარდესა	st'iuardesa
navegador (m)	შტურმანი	sht'urmani

alas (f pl)	ფრთები	prtebi
cola (f)	კუდი	k'udi
cabina (f)	კაბინა	k'abina
motor (m)	ძრავი	dzravi
tren (m) de aterrizaje	შასი	shasi
turbina (f)	ტურბინა	t'urbina

hélice (f)	პროპელერი	p'rop'eleri
caja (f) negra	შავი ყუთი	shavi quti
timón (m)	საჭევრი	sach'evri
combustible (m)	საწვავი	sats'vavi

instructivo (m) de seguridad	ინსტრუქცია	inst'ruktsia
respirador (m) de oxígeno	ჟანგბადის ნიღაბი	zhangbadis nighabi
uniforme (m)	უნიფორმა	uniporma
chaleco (m) salvavidas	სამაშველო ჟილეტი	samashvelo zhilet'i
paracaídas (m)	პარაშუტი	p'arashut'i

despegue (m)	აფრენა	aprena
despegar (vi)	აფრენა	aprena
pista (f) de despegue	ასაფრენი ზოლი	asapreni zoli

visibilidad (f)	ხილვადობა	khilvadoba
vuelo (m)	ფრენა	prena
altura (f)	სიმაღლე	simaghle
pozo (m) de aire	ჰაერის ორმო	haeris ormo

asiento (m)	ადგილი	adgili
auriculares (m pl)	საყურისი	saqurisi
mesita (f) plegable	გადასაწევი მაგიდა	gadasats'evi magida
ventana (f)	ილუმინატორი	iluminat'ori
pasillo (m)	გასასვლელი	gasasvleli

25. El tren

tren (m)	მატარებელი	mat'arebeli
tren (m) de cercanías	ელექტრომატარებელი	elekt'romat'arebeli
tren (m) rápido	ჩქაროსნული მატარებელი	chkarosnuli mat'arebeli
locomotora (f) diésel	თბომავალი	tbomavali
tren (m) de vapor	ორთქლმავალი	ortklmavali
coche (m)	ვაგონი	vagoni
coche (m) restaurante	ვაგონი-რესტორანი	vagoni-rest'orani
rieles (m pl)	რელსი	relsi
ferrocarril (m)	რკინიგზა	rk'inigza
traviesa (f)	შპალი	shp'ali
plataforma (f)	პლატფორმა	p'latporma
vía (f)	ლიანდაგი	liandagi
semáforo (m)	სემაფორი	semapori
estación (f)	სადგური	sadguri
maquinista (m)	მემანქანე	memankane
maletero (m)	მებარგული	mebarguli
mozo (m) del vagón	გამყოლი	gamqoli
pasajero (m)	მგზავრი	mgzavri
revisor (m)	კონტროლიორი	k'ont'roliori
corredor (m)	დერეფანი	derepani
freno (m) de urgencia	სტოპ-კრანი	st'op'-k'rani
compartimiento (m)	კუპე	k'up'e
litera (f)	თარო	taro
litera (f) de arriba	ზედა თარო	zeda taro
litera (f) de abajo	ქვედა თარო	kveda taro
ropa (f) de cama	თეთრეული	tetreuli
billete (m)	ბილეთი	bileti
horario (m)	განრიგი	ganrigi
pantalla (f) de información	ტაბლო	t'ablo
partir (vi)	გასვლა	gasvla
partida (f) (del tren)	გამგზავრება	gamgzavreba
llegar (tren)	ჩამოსვლა	chamosvla
llegada (f)	ჩამოსვლა	chamosvla
llegar en tren	მატარებლით მოსვლა	mat'areblit mosvla
tomar el tren	მატარებელში ჩაჯდომა	mat'arebelshi chajdoma
bajar del tren	მატარებლიდან ჩამოსვლა	mat'areblidan chamosvla
descarrilamiento (m)	მარცხი	martskhi
descarrilarse (vr)	რელსებიდან გადასვლა	relsebidan gadasvla

tren (m) de vapor	ორთქლმავალი	ortklmavali
fogonero (m)	ცეცხლფარეში	tsetskhlpareshi
hogar (m)	საცეცხლე	satsetskhle
carbón (m)	ნახშირი	nakhshiri

26. El barco

| barco, buque (m) | გემი | gemi |
| navío (m) | ხომალდი | khomaldi |

buque (m) de vapor	ორთქლმავალი	ortklmavali
motonave (f)	თბომავალი	tbomavali
trasatlántico (m)	ლაინერი	laineri
crucero (m)	კრეისერი	k'reiseri

yate (m)	იახტა	iakht'a
remolcador (m)	ბუქსირი	buksiri
barcaza (f)	ბარჟა	barzha
ferry (m)	ბორანი	borani

| velero (m) | იალქნიანი გემი | ialkniani gemi |
| bergantín (m) | ბრიგანტინა | brigant'ina |

| rompehielos (m) | ყინულმჭრელი | qinulmch'reli |
| submarino (m) | წყალქვეშა ნავი | ts'qalkvesha navi |

bote (m) de remo	ნავი	navi
bote (m)	კანჯო	k'anjo
bote (m) salvavidas	მაშველი კანჯო	mashveli k'anjo
lancha (f) motora	კატარღა	k'at'argha

capitán (m)	კაპიტანი	k'ap'it'ani
marinero (m)	მატროსი	mat'rosi
marino (m)	მეზღვაური	mezghvauri
tripulación (f)	ეკიპაჟი	ek'ip'azhi

contramaestre (m)	ბოცმანი	botsmani
grumete (m)	იუნგა	iunga
cocinero (m) de abordo	კოკი	k'ok'i
médico (m) del buque	გემის ექიმი	gemis ekimi

cubierta (f)	გემბანი	gembani
mástil (m)	ანძა	andza
vela (f)	იალქანი	ialkani

bodega (f)	ტრიუმი	t'riumi
proa (f)	ცხვირი	tskhviri
popa (f)	კიჩო	k'icho
remo (m)	ნიჩაბი	nichabi
hélice (f)	ხრახნი	khrakhni

camarote (m)	კაიუტა	k'aiut'a
sala (f) de oficiales	კაიუტკომპანია	k'aiut'k'omp'ania
sala (f) de máquinas	სამანქანო განყოფილება	samankano ganqopileba
puente (m) de mando	კაპიტნის ხიდურა	k'ap'it'nis khidura
sala (f) de radio	რადიოჯიხური	radiojikhuri
onda (f)	ტალღა	t'algha
cuaderno (m) de bitácora	გემის ჟურნალი	gemis zhurnali
anteojo (m)	ჭოგრი	ch'ogri
campana (f)	ზარი	zari
bandera (f)	დროშა	drosha
cabo (m) (maroma)	ბაგირი	bagiri
nudo (m)	კვანძი	k'vandzi
pasamano (m)	სახელური	sakheluri
pasarela (f)	ტრაპი	t'rap'i
ancla (f)	ღუზა	ghuza
levar ancla	ღუზის ამოწევა	ghuzis amots'eva
echar ancla	ღუზის ჩაშვება	ghuzis chashveba
cadena (f) del ancla	ღუზის ჯაჭვი	ghuzis jach'vi
puerto (m)	ნავსადგური	navsadguri
embarcadero (m)	მისადგომი	misadgomi
amarrar (vt)	მიდგომა	midgoma
desamarrar (vt)	ნაპირს მოცილება	nap'irs motsileba
viaje (m)	მოგზაურობა	mogzauroba
crucero (m) (viaje)	კრუიზი	k'ruizi
derrota (f) (rumbo)	კურსი	k'ursi
itinerario (m)	მარშრუტი	marshrut'i
canal (m) navegable	ფარვატერი	parvat'eri
bajío (m)	თავთხელი	tavtkheli
encallar (vi)	თავთხელზე დაჯდომა	tavtkhelze dajdoma
tempestad (f)	ქარიშხალი	karishkhali
señal (f)	სიგნალი	signali
hundirse (vr)	ჩაძირვა	chadzirva
¡Hombre al agua!	ადამიანი ბორტს იქით!	adamiani bort's ikit!
SOS	სოს	sos
aro (m) salvavidas	საშველი რგოლი	sashveli rgoli

LA CIUDAD

T&P Books Publishing

27. El transporte urbano

autobús (m)	ავტობუსი	avt'obusi
tranvía (m)	ტრამვაი	t'ramvai
trolebús (m)	ტროლეიბუსი	t'roleibusi
itinerario (m)	მარშრუტი	marshrut'i
número (m)	ნომერი	nomeri
ir en ...	მგზავრობა	mgzavroba
tomar (~ el autobús)	ჩაჯდომა	chajdoma
bajar (~ del tren)	ჩამოსვლა	chamosvla
parada (f)	გაჩერება	gachereba
próxima parada (f)	შემდეგი გაჩერება	shemdegi gachereba
parada (f) final	ბოლო გაჩერება	bolo gachereba
horario (m)	განრიგი	ganrigi
esperar (aguardar)	ლოდინი	lodini
billete (m)	ბილეთი	bileti
precio (m) del billete	ბილეთის ღირებულება	biletis ghirebuleba
cajero (m)	მოლარე	molare
control (m) de billetes	კონტროლი	k'ont'roli
revisor (m)	კონტროლიორი	k'ont'roliori
llegar tarde (vi)	დაგვიანება	dagvianeba
perder (~ el tren)	დაგვიანება	dagvianeba
tener prisa	აჩქარება	achkareba
taxi (m)	ტაქსი	t'aksi
taxista (m)	ტაქსისტი	t'aksist'i
en taxi	ტაქსით	t'aksit
parada (f) de taxi	ტაქსის სადგომი	t'aksis sadgomi
llamar un taxi	ტაქსის გამოძახება	t'aksis gamodzakheba
tomar un taxi	ტაქსის აყვანა	t'aksis aqvana
tráfico (m)	ქუჩაში მოძრაობა	kuchashi modzraoba
atasco (m)	საცობი	satsobi
horas (f pl) de punta	პიკის საათები	p'ik'is saatebi
aparcar (vi)	პარკირება	p'ark'ireba
aparcar (vt)	პარკირება	p'ark'ireba
aparcamiento (m)	სადგომი	sadgomi
metro (m)	მეტრო	met'ro
estación (f)	სადგური	sadguri
ir en el metro	მეტროთი მგზავრობა	met'roti mgzavroba

tren (m)	მატარებელი	mat'arebeli
estación (f)	ვაგზალი	vagzali

28. La ciudad. La vida en la ciudad

ciudad (f)	ქალაქი	kalaki
capital (f)	დედაქალაქი	dedakalaki
aldea (f)	სოფელი	sopeli

plano (m) de la ciudad	ქალაქის გეგმა	kalakis gegma
centro (m) de la ciudad	ქალაქის ცენტრი	kalakis tsent'ri
suburbio (m)	გარეუბანი	gareubani
suburbano (adj)	გარეუბნისა	gareubnisa

arrabal (m)	გარეუბანი	gareubani
afueras (f pl)	მიდამოები	midamoebi
barrio (m)	კვარტალი	k'vart'ali
zona (f) de viviendas	საცხოვრებელი კვარტალი	satskhovrebeli k'vart'ali

tráfico (m)	ქუჩაში მოძრაობა	kuchashi modzraoba
semáforo (m)	შუქნიშანი	shuknishani
transporte (m) urbano	ქალაქის ტრანსპორტი	kalakis t'ransp'ort'i
cruce (m)	გზაჯვარედინი	gzajvaredini

paso (m) de peatones	საქვეითო გადასასვლელი	sakveito gadasasvleli
paso (m) subterráneo	მიწისქვეშა გადასასვლელი	mits'iskvesha gadasasvleli
cruzar (vt)	გადასვლა	gadasvla
peatón (m)	ფეხით მოსიარულე	pekhit mosiarule
acera (f)	ტროტუარი	t'rot'uari

puente (m)	ხიდი	khidi
muelle (m)	სანაპირო	sanap'iro

alameda (f)	ხეივანი	kheivani
parque (m)	პარკი	p'ark'i
bulevar (m)	ბულვარი	bulvari
plaza (f)	მოედანი	moedani
avenida (f)	გამზირი	gamziri
calle (f)	ქუჩა	kucha
callejón (m)	შესახვევი	shesakhvevi
callejón (m) sin salida	ჩიხი	chikhi

casa (f)	სახლი	sakhli
edificio (m)	შენობა	shenoba
rascacielos (m)	ცათამბჯენი	tsatambjeni

fachada (f)	ფასადი	pasadi
techo (m)	სახურავი	sakhuravi
ventana (f)	ფანჯარა	panjara

arco (m)	თაღი	taghi
columna (f)	სვეტი	svet'i
esquina (f)	კუთხე	k'utkhe

escaparate (f)	ვიტრინა	vit'rina
letrero (m) (~ luminoso)	აბრა	abra
cartel (m)	აფიშა	apisha
cartel (m) publicitario	სარეკლამო პლაკატი	sarek'lamo p'lak'at'i
valla (f) publicitaria	სარეკლამო ფარი	sarek'lamo pari

basura (f)	ნაგავი	nagavi
cajón (m) de basura	ურნა	urna
tirar basura	მონაგვიანება	monagvianeba
basurero (m)	ნაგავსაყრელი	nagavsaqreli

cabina (f) telefónica	სატელეფონო ჯიხური	sat'elepono jikhuri
farola (f)	ფარნის ბოძი	parnis bodzi
banco (m) (del parque)	სკამი	sk'ami

policía (m)	პოლიციელი	p'olitsieli
policía (f) (~ nacional)	პოლიცია	p'olitsia
mendigo (m)	მათხოვარი	matkhovari
persona (f) sin hogar	უსახლკარო	usakhlk'aro

29. Las instituciones urbanas

tienda (f)	მაღაზია	maghazia
farmacia (f)	აფთიაქი	aptiaki
óptica (f)	ოპტიკა	op't'ik'a
centro (m) comercial	სავაჭრო ცენტრი	savach'ro tsent'ri
supermercado (m)	სუპერმარკეტი	sup'ermark'et'i

panadería (f)	საფუნთუშე	sapuntushe
panadero (m)	მცხობელი	mtskhobeli
pastelería (f)	საკონდიტრო	sak'ondit'ro
tienda (f) de comestibles	საბაყლო	sabaqlo
carnicería (f)	საყასბე	saqasbe

| verdulería (f) | ბოსტნეულის დუქანი | bost'neulis dukani |
| mercado (m) | ბაზარი | bazari |

cafetería (f)	ყავახანა	qavakhana
restaurante (m)	რესტორანი	rest'orani
cervecería (f)	ლუდხანა	ludkhana
pizzería (f)	პიცერია	p'itseria

peluquería (f)	საპარიკმახერო	sap'arik'makhero
oficina (f) de correos	ფოსტა	post'a
tintorería (f)	ქიმწმენდა	kimts'menda
estudio (m) fotográfico	ფოტოატელიე	pot'oat'elie

zapatería (f)	ფეხსაცმლის მაღაზია	pekhsatsmlis maghazia
librería (f)	წიგნების მაღაზია	ts'ignebis maghazia
tienda (f) deportiva	სპორტული მაღაზია	sp'ort'uli maghazia
arreglos (m pl) de ropa	ტანსაცმლის შეკეთება	t'ansatsmlis shek'eteba
alquiler (m) de ropa	ტანსაცმლის გაქირავება	t'ansatsmlis gakiraveba
videoclub (m)	ფილმების გაქირავება	pilmebis gakiraveba
circo (m)	ცირკი	tsirk'i
zoológico (m)	ზოოპარკი	zoop'ark'i
cine (m)	კინოთეატრი	k'inoteat'ri
museo (m)	მუზეუმი	muzeumi
biblioteca (f)	ბიბლიოთეკა	bibliotek'a
teatro (m)	თეატრი	teat'ri
ópera (f)	ოპერა	op'era
club (m) nocturno	ღამის კლუბი	ghamis k'lubi
casino (m)	სამორინე	samorine
mezquita (f)	მეჩეთი	mecheti
sinagoga (f)	სინაგოგა	sinagoga
catedral (f)	ტაძარი	t'adzari
templo (m)	ტაძარი	t'adzari
iglesia (f)	ეკლესია	ek'lesia
instituto (m)	ინსტიტუტი	inst'it'ut'i
universidad (f)	უნივერსიტეტი	universit'et'i
escuela (f)	სკოლა	sk'ola
prefectura (f)	პრეფექტურა	p'repekt'ura
alcaldía (f)	მერია	meria
hotel (m)	სასტუმრო	sast'umro
banco (m)	ბანკი	bank'i
embajada (f)	საელჩო	saelcho
agencia (f) de viajes	ტურისტული სააგენტო	t'urist'uli saagent'o
oficina (f) de información	ცნობათა ბიურო	tsnobata biuro
oficina (f) de cambio	გაცვლითი პუნქტი	gatsvliti p'unkt'i
metro (m)	მეტრო	met'ro
hospital (m)	საავადმყოფო	saavadmqopo
gasolinera (f)	ბენზინგასამართი სადგური	benzingasamarti sadguri
aparcamiento (m)	ავტოსადგომი	avt'osadgomi

30. Los avisos

letrero (m) (~ luminoso)	აბრა	abra
cartel (m) (texto escrito)	წარწერა	ts'arts'era

pancarta (f)	პლაკატი	p'lak'at'i
señal (m) de dirección	მაჩვენებელი	machvenebeli
flecha (f) (signo)	ისარი	isari
advertencia (f)	გაფრთხილება	gaprtkhileba
aviso (m)	გაფრთხილება	gaprtkhileba
advertir (vt)	გაფრთხილება	gaprtkhileba
día (m) de descanso	დასვენების დღე	dasvenebis dghe
horario (m)	განრიგი	ganrigi
horario (m) de apertura	სამუშაო საათები	samushao saatebi
¡BIENVENIDOS!	კეთილი იყოს თქვენი მობრძანება!	k'etili iqos tkveni mobrdzaneba!
ENTRADA	შესასვლელი	shesasvleli
SALIDA	გასასვლელი	gasasvleli
EMPUJAR	თქვენგან	tkvengan
TIRAR	თქვენსკენ	tkvensk'en
ABIERTO	ღიაა	ghiaa
CERRADO	დაკეტილია	dak'et'ilia
MUJERES	ქალებისათვის	kalebisatvis
HOMBRES	კაცებისათვის	k'atsebisatvis
REBAJAS	ფასდაკლებები	pasdak'lebebi
SALDOS	გაყიდვა	gaqidva
NOVEDAD	სიახლე!	siakhle!
GRATIS	უფასოდ	upasod
¡ATENCIÓN!	ყურადღება!	quradgheba!
COMPLETO	ადგილები არ არის	adgilebi ar aris
RESERVADO	დარეზერვირებულია	darezervirebulia
ADMINISTRACIÓN	ადმინისტრაცია	administ'ratsia
SÓLO PERSONAL AUTORIZADO	მხოლოდ პერსონალისათვის	mkholod p'ersonalisatvis
CUIDADO CON EL PERRO	ავი ძაღლი	avi dzaghli
PROHIBIDO FUMAR	ნუ მოსწევთ!	nu mosts'evt!
NO TOCAR	ხელით ნუ შეეხებით!	khelit nu sheekhebit!
PELIGROSO	საშიშია	sashishia
PELIGRO	საფრთხე	saprtkhe
ALTA TENSIÓN	მაღალი ძაბვა	maghali dzabva
PROHIBIDO BAÑARSE	ბანაობა აკრძალულია	banaoba ak'rdzalulia
NO FUNCIONA	არ მუშაობს	ar mushaobs
INFLAMABLE	ცეცხლსაშიშია	tsetskhlsashishia
PROHIBIDO	აკრძალულია	ak'rdzalulia
PROHIBIDO EL PASO	გასვლა აკრძალულია	gasvla ak'rdzalulia
RECIÉN PINTADO	შეღებილია	sheghebilia

31. Las compras

comprar (vt)	ყიდვა	qidva
compra (f)	ნაყიდი	naqidi
compras (f pl)	შოპინგი	shop'ingi
estar abierto (tienda)	მუშაობა	mushaoba
estar cerrado	დაკეტვა	dak'et'va
calzado (m)	ფეხსაცმელი	pekhsatsmeli
ropa (f)	ტანსაცმელი	t'ansatsmeli
cosméticos (m pl)	კოსმეტიკა	k'osmet'ik'a
productos alimenticios	პროდუქტები	p'rodukt'ebi
regalo (m)	საჩუქარი	sachukari
vendedor (m)	გამყიდველი	gamqidveli
vendedora (f)	გამყიდველი	gamqidveli
caja (f)	სალარო	salaro
espejo (m)	სარკე	sark'e
mostrador (m)	დახლი	dakhli
probador (m)	მოსაზომი ოთახი	mosazomi otakhi
probar (un vestido)	მოზომება	mozomeba
quedar (una ropa, etc.)	მორგება	morgeba
gustar (vi)	მოწონება	mots'oneba
precio (m)	ფასი	pasi
etiqueta (f) de precio	საფასარი	sapasari
costar (vt)	ღირება	ghireba
¿Cuánto?	რამდენი?	ramdeni?
descuento (m)	ფასდაკლება	pasdak'leba
no costoso (adj)	საკმაოდ იაფი	sak'maod iapi
barato (adj)	იაფი	iapi
caro (adj)	ძვირი	dzviri
Es caro	ეს ძვირია	es dzviria
alquiler (m)	გაქირავება	gakiraveba
alquilar (vt)	ქირით აღება	kirit agheba
crédito (m)	კრედიტი	k'redit'i
a crédito (adv)	სესხად	seskhad

LA ROPA Y LOS ACCESORIOS

T&P Books Publishing

32. La ropa exterior. Los abrigos

ropa (f)	ტანსაცმელი	t'ansatsmeli
ropa (f) de calle	ზედა ტანსაცმელი	zeda t'ansatsmeli
ropa (f) de invierno	ზამთრის ტანსაცმელი	zamtris t'ansatsmeli
abrigo (m)	პალტო	p'alt'o
abrigo (m) de piel	ქურქი	kurki
abrigo (m) corto de piel	ჯუბაჩა	jubacha
chaqueta (f) plumón	ყურთუკი	qurtuk'i
cazadora (f)	ქურთუკი	kurtuk'i
impermeable (m)	ლაბადა	labada
impermeable (adj)	ულტობი	ult'obi

33. Ropa de hombre y mujer

camisa (f)	პერანგი	p'erangi
pantalones (m pl)	შარვალი	sharvali
jeans, vaqueros (m pl)	ჯინსი	jinsi
chaqueta (f), saco (m)	პიჯაკი	p'ijak'i
traje (m)	კოსტიუმი	k'ost'iumi
vestido (m)	კაბა	k'aba
falda (f)	ბოლოკაბა	bolok'aba
blusa (f)	ბლუზა	bluza
rebeca (f), chaqueta (f) de punto	კოფთა	k'opta
chaqueta (f)	ჟაკეტი	zhak'et'i
camiseta (f) (T-shirt)	მაისური	maisuri
pantalones (m pl) cortos	შორტი	short'i
traje (m) deportivo	სპორტული კოსტიუმი	sp'ort'uli k'ost'iumi
bata (f) de baño	ხალათი	khalati
pijama (m)	პიჟამო	p'izhamo
suéter (m)	სვიტრი	svit'ri
pulóver (m)	პულოვერი	p'uloveri
chaleco (m)	ჟილეტი	zhilet'i
frac (m)	ფრაკი	prak'i
esmoquin (m)	სმოკინგი	smok'ingi
uniforme (m)	ფორმა	porma
ropa (f) de trabajo	სამუშაო ტანსაცმელი	samushao t'ansatsmeli

| mono (m) | კომბინეზონი | k'ombinezoni |
| bata (f) (p. ej. ~ blanca) | ხალათი | khalati |

34. La ropa. La ropa interior

ropa (f) interior	საცვალი	satsvali
camiseta (f) interior	მაისური	maisuri
calcetines (m pl)	წინდები	ts'indebi

camisón (m)	ღამის პერანგი	ghamis p'erangi
sostén (m)	ბიუსტჰალტერი	biust'halt'eri
calcetines (m pl) altos	გოლფი-წინდები	golpi-ts'indebi
pantimedias (f pl)	კოლგოტი	k'olgot'i
medias (f pl)	ყელიანი წინდები	qeliani ts'indebi
traje (m) de baño	საბანაო კოსტიუმი	sabanao k'ost'iumi

35. Gorras

gorro (m)	ქუდი	kudi
sombrero (m) de fieltro	ქუდი	kudi
gorra (f) de béisbol	ბეისბოლის კეპი	beisbolis k'ep'i
gorra (f) plana	კეპი	k'ep'i

boina (f)	ბერეტი	beret'i
capuchón (m)	კაპიუშონი	k'ap'iushoni
panamá (m)	პანამა	p'anama
gorro (m) de punto	ნაქსოვი ქუდი	naksovi kudi

| pañuelo (m) | თავსაფარი | tavsapari |
| sombrero (m) de mujer | ქუდი | kudi |

casco (m) (~ protector)	კასკა	k'ask'a
gorro (m) de campaña	პილოტურა	p'ilot'ura
casco (m) (~ de moto)	ჩაფხუტი	chapkhut'i

| bombín (m) | ქვაბ-ქუდა | kvab-kuda |
| sombrero (m) de copa | ცილინდრი | tsilindri |

36. El calzado

calzado (m)	ფეხსაცმელი	pekhsatsmeli
botas (f pl)	ყელიანი ფეხსაცმელი	qeliani pekhsatsmeli
zapatos (m pl) (~ de tacón bajo)	ტუფლი	t'upli
botas (f pl) altas	ჩექმები	chekmebi
zapatillas (f pl)	ჩუსტები	chust'ebi

tenis (m pl)	ფეხსაცმელი	pekhsatsmeli
zapatillas (f pl) de lona	კედი	k'edi
sandalias (f pl)	სანდლები	sandlebi

zapatero (m)	მეჩექმე	mechekme
tacón (m)	ქუსლი	kusli
par (m)	წყვილი	ts'qvili

cordón (m)	ზონარი	zonari
encordonar (vt)	ზონრით შეკვრა	zonrit shek'vra
calzador (m)	საშველი	sashveli
betún (m)	ფეხსაცმლის კრემი	pekhsatsmlis k'remi

37. Accesorios personales

guantes (m pl)	ხელთათმანები	kheltatmanebi
manoplas (f pl)	ხელთათმანი	kheltatmani
bufanda (f)	კაშნი	k'ashni

gafas (f pl)	სათვალე	satvale
montura (f)	ჩარჩო	charcho
paraguas (m)	ქოლგა	kolga
bastón (m)	ხელჯოხი	kheljokhi
cepillo (m) de pelo	თმის ჯაგრისი	tmis jagrisi
abanico (m)	მარაო	marao

corbata (f)	ჰალსტუხი	halst'ukhi
pajarita (f)	პეპელა-ჰალსტუხი	p'ep'ela-halst'ukhi
tirantes (m pl)	აჭიმი	ach'imi
moquero (m)	ცხვირსახოცი	tskhvirsakhotsi

peine (m)	სავარცხელი	savartskheli
pasador (m) de pelo	თმის სამაგრი	tmis samagri
horquilla (f)	თმის სარჭი	tmis sarch'i
hebilla (f)	ბალთა	balta

cinturón (m)	ქამარი	kamari
correa (f) (de bolso)	თასმა	tasma

bolsa (f)	ჩანთა	chanta
bolso (m)	ჩანთა	chanta
mochila (f)	რუკზაკი	ruk'zak'i

38. La ropa. Miscelánea

moda (f)	მოდა	moda
de moda (adj)	მოდური	moduri
diseñador (m) de moda	მოდელიერი	modelieri

cuello (m)	საყელო	saqelo
bolsillo (m)	ჯიბე	jibe
de bolsillo (adj)	ჯიბისა	jibisa
manga (f)	სახელო	sakhelo
presilla (f)	საკიდარი	sak'idari
bragueta (f)	ბარტყი	bart'qi

cremallera (f)	ელვა-შესაკრავი	elva-shesak'ravi
cierre (m)	შესაკრავი	shesak'ravi
botón (m)	ღილი	ghili
ojal (m)	ჩასაღილავი	chasaghilavi
saltar (un botón)	მოწყვეტა	mots'qvet'a

coser (vi, vt)	კერვა	k'erva
bordar (vt)	ქარგვა	kargva
bordado (m)	ნაქარგი	nakargi
aguja (f)	ნემსი	nemsi
hilo (m)	ძაფი	dzapi
costura (f)	ნაკერი	nak'eri

ensuciarse (vr)	გასვრა	gasvra
mancha (f)	ლაქა	laka
arrugarse (vr)	დაჭმუჭნა	dach'much'na
rasgar (vt)	გახევა	gakheva
polilla (f)	ჩრჩილი	chrchili

39. Productos personales. Cosméticos

pasta (f) de dientes	კბილის პასტა	k'bilis p'ast'a
cepillo (m) de dientes	კბილის ჯაგრისი	k'bilis jagrisi
limpiarse los dientes	კბილების გახეხვა	k'bilebis gakhekhva

maquinilla (f) de afeitar	სამართებელი	samartebeli
crema (f) de afeitar	საპარსი კრემი	sap'arsi k'remi
afeitarse (vr)	პარსვა	p'arsva

jabón (m)	საპონი	sap'oni
champú (m)	შამპუნი	shamp'uni

tijeras (f pl)	მაკრატელი	mak'rat'eli
lima (f) de uñas	ფრჩხილის ქლიბი	prchkhilis klibi
cortaúñas (m pl)	ფრჩხილის საკვნეტი	prchkhilis sak'vnet'i
pinzas (f pl)	პინცეტი	p'intset'i

cosméticos (m pl)	კოსმეტიკა	k'osmet'ik'a
mascarilla (f)	ნიღაბი	nighabi
manicura (f)	მანიკიური	manik'iuri
hacer la manicura	მანიკიურის კეთება	manik'iuris k'eteba
pedicura (f)	პედიკიური	p'edik'iuri
bolsa (f) de maquillaje	კოსმეტიკის ჩანთა	k'osmet'ik'is chanta

polvos (m pl)	პუდრი	p'udri
polvera (f)	საპუდრე	sap'udre
colorete (m), rubor (m)	ფერი	peri

perfume (m)	სუნამო	sunamo
agua (f) de tocador	ტუალეტის წყალი	t'ualet'is ts'qali
loción (f)	ლოსიონი	losioni
agua (f) de Colonia	ოდეკოლონი	odek'oloni

sombra (f) de ojos	ქუთუთოს ჩრდილი	kututos chrdili
lápiz (m) de ojos	თვალის ფანქარი	tvalis pankari
rímel (m)	ტუში	t'ushi

pintalabios (m)	ტუჩის პომადა	t'uchis p'omada
esmalte (m) de uñas	ფრჩხილის ლაქი	prchkhilis laki
fijador (m) para el pelo	თმის ლაქი	tmis laki
desodorante (m)	დეზოდორანტი	dezodorant'i

crema (f)	კრემი	k'remi
crema (f) de belleza	სახის კრემი	sakhis k'remi
crema (f) de manos	ხელის კრემი	khelis k'remi
crema (f) antiarrugas	ნაოჭების საწინააღმდეგო კრემი	naoch'ebis sats'inaaghmdego k'remi
de día (adj)	დღისა	dghisa
de noche (adj)	ღამისა	ghamisa

tampón (m)	ტამპონი	t'amp'oni
papel (m) higiénico	ტუალეტის ქაღალდი	t'ualet'is kaghaldi
secador (m) de pelo	ფენი	peni

40. Los relojes

reloj (m)	საათი	saati
esfera (f)	ციფერბლატი	tsiperblat'i
aguja (f)	ისარი	isari
pulsera (f)	სამაჯური	samajuri
correa (f) (del reloj)	თასმა	tasma

pila (f)	ბატარეა	bat'area
descargarse (vr)	დაჯდომა	dajdoma
cambiar la pila	ბატარეის გამოცვლა	bat'areis gamotsvla

reloj (m) de pared	კედლის საათი	k'edlis saati
reloj (m) de arena	ქვიშის საათი	kvishis saati
reloj (m) de sol	მზის საათი	mzis saati
despertador (m)	მაღვიძარა	maghvidzara
relojero (m)	მესაათე	mesaate
reparar (vt)	გარემონტება	garemont'eba

LA EXPERIENCIA DIARIA

T&P Books Publishing

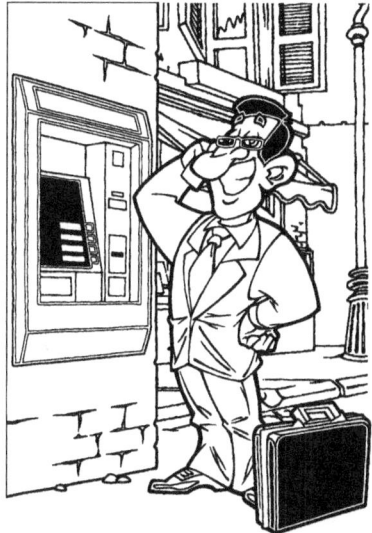

41. El dinero

dinero (m)	ფული	puli
cambio (m)	გაცვლა	gatsvla
curso (m)	კურსი	k'ursi
cajero (m) automático	ბანკომატი	bank'omat'i
moneda (f)	მონეტა	monet'a
dólar (m)	დოლარი	dolari
euro (m)	ევრო	evro
lira (f)	ლირა	lira
marco (m) alemán	მარკა	mark'a
franco (m)	ფრანკი	prank'i
libra esterlina (f)	გირვანქა სტერლინგი	girvanka st'erlingi
yen (m)	იენა	iena
deuda (f)	ვალი	vali
deudor (m)	მოვალე	movale
prestar (vt)	ნისიად მიცემა	nisiad mitsema
tomar prestado	ნისიად აღება	nisiad agheba
banco (m)	ბანკი	bank'i
cuenta (f)	ანგარიში	angarishi
ingresar en la cuenta	ანგარიშზე დადება	angarishze dadeba
sacar de la cuenta	ანგარიშიდან მოხსნა	angarishidan mokhsna
tarjeta (f) de crédito	საკრედიტო ბარათი	sak'redit'o barati
dinero (m) en efectivo	ნაღდი ფული	naghdi puli
cheque (m)	ჩეკი	chek'i
sacar un cheque	ჩეკის გამოწერა	chek'is gamots'era
talonario (m)	ჩეკების წიგნაკი	chek'ebis ts'ignak'i
cartera (f)	საფულე	sapule
monedero (m)	საფულე	sapule
caja (f) fuerte	სეიფი	seipi
heredero (m)	მემკვიდრე	memk'vidre
herencia (f)	მემკვიდრეობა	memk'vidreoba
fortuna (f)	ქონება	koneba
arriendo (m)	იჯარა	ijara
alquiler (m) (dinero)	ბინის ქირა	binis kira
alquilar (~ una casa)	დაქირავება	dakiraveba
precio (m)	ფასი	pasi
coste (m)	ღირებულება	ghirebuleba

suma (f)	თანხა	tankha
gastar (vt)	ხარჯვა	kharjva
gastos (m pl)	ხარჯები	kharjebi
economizar (vi, vt)	დაზოგვა	dazogva
económico (adj)	მომჭირნე	momch'irne
pagar (vi, vt)	გადახდა	gadakhda
pago (m)	საზღაური	sazghauri
cambio (m) (devolver el ~)	ხურდა	khurda
impuesto (m)	გადასახადი	gadasakhadi
multa (f)	ჯარიმა	jarima
multar (vt)	დაჯარიმება	dajarimeba

42. La oficina de correos

oficina (f) de correos	ფოსტა	post'a
correo (m) (cartas, etc.)	ფოსტა	post'a
cartero (m)	ფოსტალიონი	post'alioni
horario (m) de apertura	სამუშაო საათები	samushao saatebi
carta (f)	წერილი	ts'erili
carta (f) certificada	დაზღვეული წერილი	dazghveuli ts'erili
tarjeta (f) postal	ღია ბარათი	ghia barati
telegrama (m)	დეპეშა	dep'esha
paquete (m) postal	ამანათი	amanati
giro (m) postal	ფულადი გზავნილი	puladi gzavnili
recibir (vt)	მიღება	migheba
enviar (vt)	გაგზავნა	gagzavna
envío (m)	გაგზავნა	gagzavna
dirección (f)	მისამართი	misamarti
código (m) postal	ინდექსი	indeksi
expedidor (m)	გამგზავნი	gamgzavni
destinatario (m)	მიმღები	mimghebi
nombre (m)	სახელი	sakheli
apellido (m)	გვარი	gvari
tarifa (f)	ტარიფი	t'aripi
ordinario (adj)	ჩვეულებრივი	chveulebrivi
económico (adj)	ეკონომიური	ek'onomiuri
peso (m)	წონა	ts'ona
pesar (~ una carta)	აწონვა	ats'onva
sobre (m)	კონვერტი	k'onvert'i
sello (m)	მარკა	mark'a

43. La banca

banco (m)	ბანკი	bank'i
sucursal (f)	განყოფილება	ganqopileba
consultor (m)	კონსულტანტი	k'onsult'ant'i
gerente (m)	მმართველი	mmartveli
cuenta (f)	ანგარიში	angarishi
numero (m) de la cuenta	ანგარიშის ნომერი	angarishis nomeri
cuenta (f) corriente	მიმდინარე ანგარიში	mimdinare angarishi
cuenta (f) de ahorros	დამაგროვებელი ანგარიში	damagrovebeli angarishi
abrir una cuenta	ანგარიშის გახსნა	angarishis gakhsna
cerrar la cuenta	ანგარიშის დახურვა	angarishis dakhurva
ingresar en la cuenta	ანგარიშზე დადება	angarishze dadeba
sacar de la cuenta	ანგარიშიდან მოხსნა	angarishidan mokhsna
depósito (m)	ანაბარი	anabari
hacer un depósito	ანაბრის გაკეთება	anabris gak'eteba
giro (m) bancario	გზავნილი	gzavnili
hacer un giro	გზავნილის გაკეთება	gzavnilis gak'eteba
suma (f)	თანხა	tankha
¿Cuánto?	რამდენი?	ramdeni?
firma (f) (nombre)	ხელმოწერა	khelmots'era
firmar (vt)	ხელის მოწერა	khelis mots'era
tarjeta (f) de crédito	საკრედიტო ბარათი	sak'redit'o barati
código (m)	კოდი	k'odi
número (m) de tarjeta de crédito	საკრედიტო ბარათის ნომერი	sak'redit'o baratis nomeri
cajero (m) automático	ბანკომატი	bank'omat'i
cheque (m)	ჩეკი	chek'i
sacar un cheque	ჩეკის გამოწერა	chek'is gamots'era
talonario (m)	ჩეკების წიგნაკი	chek'ebis ts'ignak'i
crédito (m)	კრედიტი	k'redit'i
pedir el crédito	კრედიტისათვის მიმართვა	k'redit'isatvis mimartva
obtener un crédito	კრედიტის აღება	k'redit'is agheba
conceder un crédito	კრედიტის წარდგენა	k'redit'is ts'ardgena
garantía (f)	გარანტია	garant'ia

44. El teléfono. Las conversaciones telefónicas

teléfono (m)	ტელეფონი	t'eleponi
teléfono (m) móvil	მობილური ტელეფონი	mobiluri t'eleponi

contestador (m)	ავტომოპასუხე	avt'omop'asukhe
llamar, telefonear	რეკვა	rek'va
llamada (f)	ზარი	zari
marcar un número	ნომრის აკრეფა	nomris ak'repa
¿Sí?, ¿Dígame?	ალო!	alo!
preguntar (vt)	კითხვა	k'itkhva
responder (vi, vt)	პასუხის გაცემა	p'asukhis gatsema
oír (vt)	სმენა	smena
bien (adv)	კარგად	k'argad
mal (adv)	ცუდად	tsudad
ruidos (m pl)	ხარვეზები	kharvezebi
auricular (m)	ყურმილი	qurmili
descolgar (el teléfono)	ყურმილის აღება	qurmilis agheba
colgar el auricular	ყურმილის დადება	qurmilis dadeba
ocupado (adj)	დაკავებული	dak'avebuli
sonar (teléfono)	რეკვა	rek'va
guía (f) de teléfonos	სატელეფონო წიგნი	sat'elepono ts'igni
local (adj)	ადგილობრივი	adgilobrivi
de larga distancia	საქალაქთაშორისო	sakalaktashoriso
internacional (adj)	საერთაშორისო	saertashoriso

45. El teléfono celular

teléfono (m) móvil	მობილური ტელეფონი	mobiluri t'eleponi
pantalla (f)	დისპლეი	disp'lei
botón (m)	ღილაკი	ghilak'i
tarjeta SIM (f)	SIM-ბარათი	SIM-barati
pila (f)	ბატარეა	bat'area
descargarse (vr)	განმუხტვა	ganmukht'va
cargador (m)	დასამუხტი მოწყობილობა	dasamukht'i mots'qobiloba
menú (m)	მენიუ	meniu
preferencias (f pl)	აწყობა	ats'qoba
melodía (f)	მელოდია	melodia
seleccionar (vt)	არჩევა	archeva
calculadora (f)	კალკულატორი	k'alk'ulat'ori
contestador (m)	ავტომოპასუხე	avt'omop'asukhe
despertador (m)	მაღვიძარა	maghvidzara
contactos (m pl)	სატელეფონო წიგნი	sat'elepono ts'igni
mensaje (m) de texto	SMS-შეტყობინება	SMS-shet'qobineba
abonado (m)	აბონენტი	abonent'i

46. Los artículos de escritorio. La papelería

bolígrafo (m)	ავტოკალამი	avt'ok'alami
pluma (f) estilográfica	კალამი	k'alami
lápiz (m)	ფანქარი	pankari
marcador (m)	მარკერი	mark'eri
rotulador (m)	ფლომასტერი	plomast'eri
bloc (m) de notas	ბლოკნოტი	blok'not'i
agenda (f)	დღიური	dghiuri
regla (f)	სახაზავი	sakhazavi
calculadora (f)	კალკულატორი	k'alk'ulat'ori
goma (f) de borrar	საშლელი	sashleli
chincheta (f)	ჭიკარტი	ch'ik'art'i
clip (m)	სამაგრი	samagri
cola (f), pegamento (m)	წებო	ts'ebo
grapadora (f)	სტეპლერი	st'ep'leri
perforador (m)	სახვრეტელა	sakhvret'ela
sacapuntas (m)	სათლელი	satleli

47. Los idiomas extranjeros

lengua (f)	ენა	ena
extranjero (adj)	უცხო	utskho
estudiar (vt)	შესწავლა	shests'avla
aprender (ingles, etc.)	სწავლა	sts'avla
leer (vi, vt)	კითხვა	k'itkhva
hablar (vi, vt)	ლაპარაკი	lap'arak'i
comprender (vt)	გაგება	gageba
escribir (vt)	წერა	ts'era
rápidamente (adv)	სწრაფად	sts'rapad
lentamente (adv)	ნელა	nela
con fluidez (adv)	თავისუფლად	tavisuplad
reglas (f pl)	წესები	ts'esebi
gramática (f)	გრამატიკა	gramat'ik'a
vocabulario (m)	ლექსიკა	leksik'a
fonética (f)	ფონეტიკა	ponet'ik'a
manual (m)	სახელმძღვანელო	sakhelmdzghvanelo
diccionario (m)	ლექსიკონი	leksik'oni
manual (m) autodidáctico	თვითმასწავლებელი	tvitmasts'avlebeli
guía (f) de conversación	სასაუბრო	sasaubro
casete (m)	კასეტი	k'aset'i

videocasete (f)	ვიდეოკასეტი	videok'aset'i
disco compacto, CD (m)	კომპაქტური დისკი	k'omp'akt'uri disk'i
DVD (m)	დივიდი	dividi
alfabeto (m)	ანბანი	anbani
deletrear (vt)	ასოებით გამოთქმა	asoebit gamotkma
pronunciación (f)	წარმოთქმა	ts'armotkma
acento (m)	აქცენტი	aktsent'i
con acento	აქცენტით	aktsent'it
sin acento	უაქცენტოდ	uaktsent'od
palabra (f)	სიტყვა	sit'qva
significado (m)	მნიშვნელობა	mnishvneloba
cursos (m pl)	კურსები	k'ursebi
inscribirse (vr)	ჩაწერა	chats'era
profesor (m) (~ de inglés)	მასწავლებელი	masts'avlebeli
traducción (f) (proceso)	თარგმნა	targmna
traducción (f) (texto)	თარგმანი	targmani
traductor (m)	მთარგმნელი	mtargmneli
intérprete (m)	თარჯიმანი	tarjimani
políglota (m)	პოლიგლოტი	p'oliglot'i
memoria (f)	მეხსიერება	mekhsiereba

T&P BOOKS

LAS COMIDAS. EL RESTAURANTE

T&P Books Publishing

48. Los cubiertos

cuchara (f)	კოვზი	k'ovzi
cuchillo (m)	დანა	dana
tenedor (m)	ჩანგალი	changali
taza (f)	ფინჯანი	pinjani
plato (m)	თეფში	tepshi
platillo (m)	ლამბაქი	lambaki
servilleta (f)	ხელსახოცი	khelsakhotsi
mondadientes (m)	კბილსაჩიჩქნი	k'bilsachichkni

49. El restaurante

restaurante (m)	რესტორანი	rest'orani
cafetería (f)	ყავახანა	qavakhana
bar (m)	ბარი	bari
salón (m) de té	ჩაის სალონი	chais saloni
camarero (m)	ოფიციანტი	opitsiant'i
camarera (f)	ოფიციანტი	opitsiant'i
barman (m)	ბარმენი	barmeni
carta (f), menú (m)	მენიუ	meniu
carta (f) de vinos	ღვინის ბარათი	ghvinis barati
reservar una mesa	მაგიდის დაჯავშნა	magidis dajavshna
plato (m)	კერძი	k'erdzi
pedir (vt)	შეკვეთა	shek'veta
hacer un pedido	შეკვეთის გაკეთება	shek'vetis gak'eteba
aperitivo (m)	აპერიტივი	ap'erit'ivi
entremés (m)	საუზმეული	sauzmeuli
postre (m)	დესერტი	desert'i
cuenta (f)	ანგარიში	angarishi
pagar la cuenta	ანგარიშის გადახდა	angarishis gadakhda
dar la vuelta	ხურდის მიცემა	khurdis mitsema
propina (f)	გასამრჯელო	gasamrjelo

50. Las comidas

comida (f)	საჭმელი	sach'meli
comer (vi, vt)	ჭამა	ch'ama

desayuno (m)	საუზმე	sauzme
desayunar (vi)	საუზმობა	sauzmoba
almuerzo (m)	სადილი	sadili
almorzar (vi)	სადილობა	sadiloba
cena (f)	ვახშამი	vakhshami
cenar (vi)	ვახშმობა	vakhshmoba

| apetito (m) | მადა | mada |
| ¡Que aproveche! | გაამოთ! | gaamot! |

abrir (vt)	გახსნა	gakhsna
derramar (líquido)	დაღვრა	daghvra
derramarse (líquido)	დაღვრა	daghvra

hervir (vi)	დუღილი	dughili
hervir (vt)	ადუღება	adugheba
hervido (agua ~a)	ნადუღი	nadughi
enfriar (vt)	გაგრილება	gagrileba
enfriarse (vr)	გაგრილება	gagrileba

| sabor (m) | გემო | gemo |
| regusto (m) | გემო | gemo |

adelgazar (vi)	გახდომა	gakhdoma
dieta (f)	დიეტა	diet'a
vitamina (f)	ვიტამინი	vit'amini
caloría (f)	კალორია	k'aloria
vegetariano (m)	ვეგეტარიანელი	veget'arianeli
vegetariano (adj)	ვეგეტარიანული	veget'arianuli

grasas (f pl)	ცხიმები	tskhimebi
proteínas (f pl)	ცილები	tsilebi
carbohidratos (m pl)	ნახშირწყლები	nakhshirts'qlebi
loncha (f)	ნაჭერი	nach'eri
pedazo (m)	ნაჭერი	nach'eri
miga (f)	ნამცეცი	namtsetsi

51. Los platos

plato (m)	კერძი	k'erdzi
cocina (f)	სამზარეულო	samzareulo
receta (f)	რეცეპტი	retsep't'i
porción (f)	ულუფა	ulupa

| ensalada (f) | სალათი | salati |
| sopa (f) | წვნიანი | ts'vniani |

caldo (m)	ბულიონი	bulioni
bocadillo (m)	ბუტერბროდი	but'erbrodi
huevos (m pl) fritos	ერბო-კვერცხი	erbo-k'vertskhi

hamburguesa (f)	ჰამბურგერი	hamburgeri
bistec (m)	ბივშტექსი	bivsht'eksi

guarnición (f)	გარნირი	garniri
espagueti (m)	სპაგეტი	sp'aget'i
puré (m) de patatas	კარტოფილის პიურე	k'art'opilis p'iure
pizza (f)	პიცა	p'itsa
gachas (f pl)	ფაფა	papa
tortilla (f) francesa	ომლეტი	omlet'i

cocido en agua (adj)	მოხარშული	mokharshuli
ahumado (adj)	შებოლილი	shebolili
frito (adj)	შემწვარი	shemts'vari
seco (adj)	გამხმარი	gamkhmari
congelado (adj)	გაყინული	gaqinuli
marinado (adj)	მარინადში ჩადებული	marinadshi chadebuli

azucarado, dulce (adj)	ტკბილი	t'k'bili
salado (adj)	მლაშე	mlashe
frío (adj)	ცივი	tsivi
caliente (adj)	ცხელი	tskheli
amargo (adj)	მწარე	mts'are
sabroso (adj)	გემრიელი	gemrieli

cocer en agua	ხარშვა	kharshva
preparar (la cena)	მზადება	mzadeba
freír (vt)	შეწვა	shets'va
calentar (vt)	გაცხელება	gatskheleba

salar (vt)	მარილის მოყრა	marilis moqra
poner pimienta	პილპილის მოყრა	p'ilp'ilis moqra
rallar (vt)	გახეხვა	gakhekhva
piel (f)	ქერქი	kerki
pelar (vt)	ფცქვნა	ptskvna

52. La comida

carne (f)	ხორცი	khortsi
gallina (f)	ქათამი	katami
pollo (m)	წიწილა	ts'its'ila
pato (m)	იხვი	ikhvi
ganso (m)	ბატი	bat'i
caza (f) menor	ნანადირევი	nanadirevi
pava (f)	ინდაური	indauri

carne (f) de cerdo	ღორის ხორცი	ghoris khortsi
carne (f) de ternera	ხბოს ხორცი	khbos khortsi
carne (f) de carnero	ცხვრის ხორცი	tskhvris khortsi
carne (f) de vaca	საქონლის ხორცი	sakonlis khortsi
conejo (m)	ბოცვერი	botsveri

salchichón (m)	ძეხვი	dzekhvi
salchicha (f)	სოსისი	sosisi
beicon (m)	ბეკონი	bek'oni
jamón (m)	ლორი	lori
jamón (m) fresco	ბარკალი	bark'ali
paté (m)	პაშტეტი	p'asht'et'i
hígado (m)	ღვიძლი	ghvidzli
carne (f) picada	ფარში	parshi
lengua (f)	ენა	ena
huevo (m)	კვერცხი	k'vertskhi
huevos (m pl)	კვერცხები	k'vertskhebi
clara (f)	ცილა	tsila
yema (f)	კვერცხის გული	k'vertskhis guli
pescado (m)	თევზი	tevzi
mariscos (m pl)	ზღვის პროდუქტები	zghvis p'rodukt'ebi
crustáceos (m pl)	კიბოსნაირნი	k'ibosnairni
caviar (m)	ხიზილალა	khizilala
cangrejo (m) de mar	კიბორჩხალა	k'iborchkhala
camarón (m)	კრევეტი	k'revet'i
ostra (f)	ხამანწკა	khamants'k'a
langosta (f)	ლანგუსტი	langust'i
pulpo (m)	რვაფეხა	rvapekha
calamar (m)	კალმარი	k'almari
esturión (m)	თართი	tarti
salmón (m)	ორაგული	oraguli
fletán (m)	პალტუსი	p'alt'usi
bacalao (m)	ვირთევზა	virtevza
caballa (f)	სკუმბრია	sk'umbria
atún (m)	თინუსი	tinusi
anguila (f)	გველთევზა	gveltevza
trucha (f)	კალმახი	k'almakhi
sardina (f)	სარდინი	sardini
lucio (m)	ქარიყლაპია	kariqlap'ia
arenque (m)	ქაშაყი	kashaqi
pan (m)	პური	p'uri
queso (m)	ყველი	qveli
azúcar (m)	შაქარი	shakari
sal (f)	მარილი	marili
arroz (m)	ბრინჯი	brinji
macarrones (m pl)	მაკარონი	mak'aroni
tallarines (m pl)	ატრია	at'ria
mantequilla (f)	კარაქი	k'araki
aceite (m) vegetal	მცენარეული ზეთი	mtsenarueli zeti

aceite (m) de girasol	მზესუმზირის ზეთი	mzesumziris zeti
margarina (f)	მარგარინი	margarini
olivas, aceitunas (f pl)	ზეითუნი	zeituni
aceite (m) de oliva	ზეითუნის ზეთი	zeitunis zeti
leche (f)	რძე	rdze
leche (f) condensada	შესქელებული რძე	sheskelebuli rdze
yogur (m)	იოგურტი	iogurt'i
nata (f) agria	არაჟანი	arazhani
nata (f) líquida	ნაღები	naghebi
mayonesa (f)	მაიონეზი	maionezi
crema (f) de mantequilla	კრემი	k'remi
cereales (m pl) integrales	ბურღული	burghuli
harina (f)	ფქვილი	pkvili
conservas (f pl)	კონსერვები	k'onservebi
copos (m pl) de maíz	სიმინდის ბურბუშელა	simindis burbushela
miel (f)	თაფლი	tapli
confitura (f)	ჯემი	jemi
chicle (m)	საღეჭი რეზინი	saghech'i rezini

53. Las bebidas

agua (f)	წყალი	ts'qali
agua (f) potable	სასმელი წყალი	sasmeli ts'qali
agua (f) mineral	მინერალური წყალი	mineraluri ts'qali
sin gas	უგაზო	ugazo
gaseoso (adj)	გაზირებული	gazirebuli
con gas	გაზიანი	gaziani
hielo (m)	ყინული	qinuli
con hielo	ყინულით	qinulit
sin alcohol	უალკოჰოლო	ualk'oholo
bebida (f) sin alcohol	უალკოჰოლო სასმელი	ualk'oholo sasmeli
refresco (m)	გამაგრილებელი სასმელი	gamagrilebeli sasmeli
limonada (f)	ლიმონათი	limonati
bebidas (f pl) alcohólicas	ალკოჰოლიანი სასმელები	alk'oholiani sasmelebi
vino (m)	ღვინო	ghvino
vino (m) blanco	თეთრი ღვინო	tetri ghvino
vino (m) tinto	წითელი ღვინო	ts'iteli ghvino
licor (m)	ლიქიორი	likiori
champaña (f)	შამპანური	shamp'anuri
vermú (m)	ვერმუტი	vermut'i
whisky (m)	ვისკი	visk'i

vodka (m)	არაყი	araqi
ginebra (f)	ჯინი	jini
coñac (m)	კონიაკი	k'oniak'i
ron (m)	რომი	romi

café (m)	ყავა	qava
café (m) solo	შავი ყავა	shavi qava
café (m) con leche	რძიანი ყავა	rdziani qava
capuchino (m)	ნაღებიანი ყავა	naghebiani qava
café (m) soluble	ხსნადი ყავა	khsnadi qava

leche (f)	რძე	rdze
cóctel (m)	კოკტეილი	k'ok't'eili
batido (m)	რძის კოკტეილი	rdzis k'ok't'eili

zumo (m), jugo (m)	წვენი	ts'veni
jugo (m) de tomate	ტომატის წვენი	t'omat'is ts'veni
zumo (m) de naranja	ფორთოხლის წვენი	portokhlis ts'veni
zumo (m) fresco	ახლადგამოწურული წვენი	akhladgamots'uruli ts'veni

cerveza (f)	ლუდი	ludi
cerveza (f) rubia	ღია ფერის ლუდი	ghia peris ludi
cerveza (f) negra	მუქი ლუდი	muki ludi

té (m)	ჩაი	chai
té (m) negro	შავი ჩაი	shavi chai
té (m) verde	მწვანე ჩაი	mts'vane chai

54. Las verduras

| legumbres (f pl) | ბოსტნეული | bost'neuli |
| verduras (f pl) | მწვანილი | mts'vanili |

tomate (m)	პომიდორი	p'omidori
pepino (m)	კიტრი	k'it'ri
zanahoria (f)	სტაფილო	st'apilo
patata (f)	კარტოფილი	k'art'opili
cebolla (f)	ხახვი	khakhvi
ajo (m)	ნიორი	niori

col (f)	კომბოსტო	k'ombost'o
coliflor (f)	ყვავილოვანი კომბოსტო	qvavilovani k'ombost'o
col (f) de Bruselas	ბრიუსელის კომბოსტო	briuselis k'ombost'o
brócoli (m)	კომბოსტო ბროკოლი	k'ombost'o brok'oli

remolacha (f)	ჭარხალი	ch'arkhali
berenjena (f)	ბადრიჯანი	badrijani
calabacín (m)	ყაბაყი	qabaqi
calabaza (f)	გოგრა	gogra

nabo (m)	თალგამი	talgami
perejil (m)	ოხრახუში	okhrakhushi
eneldo (m)	კამა	k'ama
lechuga (f)	სალათი	salati
apio (m)	ნიახური	niakhuri
espárrago (m)	სატაცური	sat'atsuri
espinaca (f)	ისპანახი	isp'anakhi
guisante (m)	ბარდა	barda
habas (f pl)	პარკები	p'ark'ebi
maíz (m)	სიმინდი	simindi
fréjol (m)	ლობიო	lobio
pimiento (m) dulce	წიწაკა	ts'its'ak'a
rábano (m)	ბოლოკი	bolok'i
alcachofa (f)	არტიშოკი	art'ishok'i

55. Las frutas. Las nueces

fruto (m)	ხილი	khili
manzana (f)	ვაშლი	vashli
pera (f)	მსხალი	mskhali
limón (m)	ლიმონი	limoni
naranja (f)	ფორთოხალი	portokhali
fresa (f)	მარწყვი	marts'qvi
mandarina (f)	მანდარინი	mandarini
ciruela (f)	ქლიავი	kliavi
melocotón (m)	ატამი	at'ami
albaricoque (m)	გარგარი	gargari
frambuesa (f)	ჟოლო	zholo
piña (f)	ანანასი	ananasi
banana (f)	ბანანი	banani
sandía (f)	საზამთრო	sazamtro
uva (f)	ყურძენი	qurdzeni
guinda (f)	ალუბალი	alubali
cereza (f)	ბალი	bali
melón (m)	ნესვი	nesvi
pomelo (m)	გრეიფრუტი	greiprut'i
aguacate (m)	ავოკადო	avok'ado
papaya (f)	პაპაია	p'ap'aia
mango (m)	მანგო	mango
granada (f)	ბროწეული	brots'euli
grosella (f) roja	წითელი მოცხარი	ts'iteli motskhari
grosella (f) negra	შავი მოცხარი	shavi motskhari
grosella (f) espinosa	ხურტკმელი	khurt'k'meli
arándano (m)	მოცვი	motsvi

zarzamoras (f pl)	მაყვალი	maqvali
pasas (f pl)	ქიშმიში	kishmishi
higo (m)	ლეღვი	leghvi
dátil (m)	ფინიკი	pinik'i

cacahuete (m)	მიწის თხილი	mits'is tkhili
almendra (f)	ნუში	nushi
nuez (f)	კაკალი	k'ak'ali
avellana (f)	თხილი	tkhili
nuez (f) de coco	ქოქოსის კაკალი	kokosis k'ak'ali
pistachos (m pl)	ფსტა	pst'a

56. El pan. Los dulces

pasteles (m pl)	საკონდიტრო ნაწარმი	sak'ondit'ro nats'armi
pan (m)	პური	p'uri
galletas (f pl)	ნამცხვარი	namtskhvari

chocolate (m)	შოკოლადი	shok'oladi
de chocolate (adj)	შოკოლადისა	shok'oladisa
caramelo (m)	კანფეტი	k'anpet'i
tarta (f) (pequeña)	ტკბილღვეზელა	t'k'bilghvezela
tarta (f) (~ de cumpleaños)	ტორტი	t'ort'i

| tarta (f) (~ de manzana) | ღვეზელი | ghvezeli |
| relleno (m) | შიგთავსი | shigtavsi |

confitura (f)	მურაბა	muraba
mermelada (f)	მარმელადი	marmeladi
gofre (m)	ვაფლი	vapli
helado (m)	ნაყინი	naqini
pudin (m)	პუდინგი	p'udingi

57. Las especias

sal (f)	მარილი	marili
salado (adj)	მლაშე	mlashe
salar (vt)	მარილის მოყრა	marilis moqra

pimienta (f) negra	პილპილი	p'ilp'ili
pimienta (f) roja	წიწაკა	ts'its'ak'a
mostaza (f)	მდოგვი	mdogvi
rábano (m) picante	პირშუშხა	p'irshushkha

condimento (m)	სანელებელი	sanelebeli
especia (f)	სუნელი	suneli
salsa (f)	სოუსი	sousi
vinagre (m)	ძმარი	dzmari

anís (m)	ანისული	anisuli
albahaca (f)	რეჰანი	rehani
clavo (m)	მიხაკი	mikhak'i
jengibre (m)	კოჭა	k'och'a
cilantro (m)	ქინძი	kindzi
canela (f)	დარიჩინი	darichini
sésamo (m)	ქუნჟუტი	kunzhut'i
hoja (f) de laurel	დაფნის ფოთოლი	dapnis potoli
paprika (f)	წიწაკა	ts'its'ak'a
comino (m)	კვლიავი	k'vliavi
azafrán (m)	ზაფრანა	zaprana

T&P BOOKS

LA INFORMACIÓN PERSONAL. LA FAMILIA

T&P Books Publishing

58. La información personal. Los formularios

nombre (m)	სახელი	sakheli
apellido (m)	გვარი	gvari
fecha (f) de nacimiento	დაბადების თარიღი	dabadebis tarighi
lugar (m) de nacimiento	დაბადების ადგილი	dabadebis adgili

nacionalidad (f)	ეროვნება	erovneba
domicilio (m)	საცხოვრებელი ადგილი	satskhovrebeli adgili
país (m)	ქვეყანა	kveqana
profesión (f)	პროფესია	p'ropesia

sexo (m)	სქესი	skesi
estatura (f)	სიმაღლე	simaghle
peso (m)	წონა	ts'ona

59. Los familiares. Los parientes

madre (f)	დედა	deda
padre (m)	მამა	mama
hijo (m)	ვაჟიშვილი	vazhishvili
hija (f)	ქალიშვილი	kalishvili

hija (f) menor	უმცროსი ქალიშვილი	umtsrosi kalishvili
hijo (m) menor	უმცროსი ვაჟიშვილი	umtsrosi vazhishvili
hija (f) mayor	უფროსი ქალიშვილი	uprosi kalishvili
hijo (m) mayor	უფროსი ვაჟიშვილი	uprosi vazhishvili

| hermano (m) | ძმა | dzma |
| hermana (f) | და | da |

mamá (f)	დედა	deda
papá (m)	მამა	mama
padres (pl)	მშობლები	mshoblebi
niño -a (m, f)	შვილი	shvili
niños (pl)	შვილები	shvilebi

abuela (f)	ბებია	bebia
abuelo (m)	პაპა	p'ap'a
nieto (m)	შვილიშვილი	shvilishvili
nieta (f)	შვილიშვილი	shvilishvili
nietos (pl)	შვილიშვილები	shvilishvilebi
tío (m)	ბიძა	bidza
suegra (f)	სიდედრი	sidedri

suegro (m)	მამამთილი	mamamtili
yerno (m)	სიძე	sidze
madrastra (f)	დედინაცვალი	dedinatsvali
padrastro (m)	მამინაცვალი	maminatsvali

niño (m) de pecho	ძუძუმწოვარა ბავშვი	dzudzumts'ovara bavshvi
bebé (m)	ჩვილი	chvili
chico (m)	ბიჭუნა	bich'una

mujer (f)	ცოლი	tsoli
marido (m)	ქმარი	kmari
esposo (m)	მეუღლე	meughle
esposa (f)	მეუღლე	meughle

casado (adj)	ცოლიანი	tsoliani
casada (adj)	გათხოვილი	gatkhovili
soltero (adj)	უცოლშვილო	utsolshvilo
soltero (m)	უცოლშვილო	utsolshvilo
divorciado (adj)	განქორწინებული	gankorts'inebuli
viuda (f)	ქვრივი	kvrivi
viudo (m)	ქვრივი	kvrivi

pariente (m)	ნათესავი	natesavi
pariente (m) cercano	ახლო ნათესავი	akhlo natesavi
pariente (m) lejano	შორეული ნათესავი	shoreuli natesavi
parientes (pl)	ნათესავები	natesavebi

huérfano (m), huérfana (f)	ობოლი	oboli
tutor (m)	მეურვე	meurve
adoptar (un niño)	შვილად აყვანა	shvilad aqvana
adoptar (una niña)	შვილად აყვანა	shvilad aqvana

60. Los amigos. Los compañeros del trabajo

amigo (m)	მეგობარი	megobari
amiga (f)	მეგობარი	megobari
amistad (f)	მეგობრობა	megobroba
ser amigo	მეგობრობა	megobroba

amigote (m)	ძმაკაცი	dzmak'atsi
amiguete (f)	დაქალი	dakali
compañero (m)	პარტნიორი	p'art'niori

jefe (m)	შეფი	shepi
superior (m)	უფროსი	uprosi
subordinado (m)	ხელქვეითი	khelkveiti
colega (m, f)	კოლეგა	k'olega

| conocido (m) | ნაცნობი | natsnobi |
| compañero (m) de viaje | თანამგზავრი | tanamgzavri |

condiscípulo (m)	თანაკლასელი	tanak'laseli
vecino (m)	მეზობელი	mezobeli
vecina (f)	მეზობელი	mezobeli
vecinos (pl)	მეზობლები	mezoblebi

EL CUERPO. LA MEDICINA

T&P Books Publishing

61. La cabeza

cabeza (f)	თავი	tavi
cara (f)	სახე	sakhe
nariz (f)	ცხვირი	tskhviri
boca (f)	პირი	p'iri

ojo (m)	თვალი	tvali
ojos (m pl)	თვალები	tvalebi
pupila (f)	გუგა	guga
ceja (f)	წარბი	ts'arbi
pestaña (f)	წამწამი	ts'amts'ami
párpado (m)	ქუთუთო	kututo

lengua (f)	ენა	ena
diente (m)	კბილი	k'bili
labios (m pl)	ტუჩები	t'uchebi
pómulos (m pl)	ყვრიმალები	qvrimalebi
encía (f)	ღრძილი	ghrdzili
paladar (m)	სასა	sasa

ventanas (f pl)	ნესტოები	nest'oebi
mentón (m)	ნიკაპი	nik'ap'i
mandíbula (f)	ყბა	qba
mejilla (f)	ლოყა	loqa

frente (f)	შუბლი	shubli
sien (f)	საფეთქელი	sapetkeli
oreja (f)	ყური	quri
nuca (f)	კეფა	k'epa
cuello (m)	კისერი	k'iseri
garganta (f)	ყელი	qeli

pelo, cabello (m)	თმები	tmebi
peinado (m)	ვარცხნილობა	vartskhniloba
corte (m) de pelo	შეკრეჭილი თმა	shek'rech'ili tma
peluca (f)	პარიკი	p'arik'i

bigote (m)	ულვაშები	ulvashebi
barba (f)	წვერი	ts'veri
tener (~ la barba)	ტარება	t'areba
trenza (f)	ნაწნავი	nats'navi
patillas (f pl)	ბაკენბარდები	bak'enbardebi

pelirrojo (adj)	წითური	ts'ituri
gris, canoso (adj)	ჭაღარა	ch'aghara

| calvo (adj) | მელოტი | melot'i |
| calva (f) | მელოტი | melot'i |

| cola (f) de caballo | კუდი | k'udi |
| flequillo (m) | შუბლზე შეჭრილი თმა | shublze shech'rili tma |

62. El cuerpo

| mano (f) | მტევანი | mt'evani |
| brazo (m) | მკლავი | mk'lavi |

| dedo (m) | თითი | titi |
| dedo (m) pulgar | ცერა თითი | tsera titi |

| dedo (m) meñique | ნეკი | nek'i |
| uña (f) | ფრჩხილი | prchkhili |

puño (m)	მუშტი	musht'i
palma (f)	ხელისგული	khelisguli
muñeca (f)	მაჯა	maja
antebrazo (m)	წინამხარი	ts'inamkhari

| codo (m) | იდაყვი | idaqvi |
| hombro (m) | მხარი | mkhari |

pierna (f)	ფეხი	pekhi
planta (f)	ტერფი	t'erpi
rodilla (f)	მუხლი	mukhli
pantorrilla (f)	წვივი	ts'vivi

| cadera (f) | თეძო | tedzo |
| talón (m) | ქუსლი | kusli |

cuerpo (m)	ტანი	t'ani
vientre (m)	მუცელი	mutseli
pecho (m)	მკერდი	mk'erdi
seno (m)	მკერდი	mk'erdi
lado (m), costado (m)	გვერდი	gverdi
espalda (f)	ზურგი	zurgi

| zona (f) lumbar | წელი | ts'eli |
| cintura (f), talle (m) | წელი | ts'eli |

ombligo (m)	ჭიპი	ch'ip'i
nalgas (f pl)	დუნდულები	dundulebi
trasero (m)	საჯდომი	sajdomi

lunar (m)	ხალი	khali
tatuaje (m)	ტატუირება	t'at'uireba
cicatriz (f)	ნაიარევი	naiarevi

63. Las enfermedades

enfermedad (f)	ავადმყოფობა	avadmqopoba
estar enfermo	ავადმყოფობა	avadmqopoba
salud (f)	ჯანმრთელობა	janmrteloba
resfriado (m) (coriza)	სურდო	surdo
angina (f)	ანგინა	angina
resfriado (m)	გაცივება	gatsiveba
resfriarse (vr)	გაცივება	gatsiveba
bronquitis (f)	ბრონქიტი	bronkit'i
pulmonía (f)	ფილტვების ანთება	pilt'vebis anteba
gripe (f)	გრიპი	grip'i
miope (adj)	ახლომხედველი	akhlomkhedveli
présbita (adj)	შორსმხედველი	shorsmkhedveli
estrabismo (m)	სიელმე	sielme
estrábico (m) (adj)	ელამი	elami
catarata (f)	კატარაქტა	k'at'arakt'a
glaucoma (m)	გლაუკომა	glauk'oma
insulto (m)	ინსულტი	insult'i
ataque (m) cardiaco	ინფარქტი	inparkt'i
infarto (m) de miocardio	მიოკარდის ინფარქტი	miok'ardis inparkt'i
parálisis (f)	დამბლა	dambla
paralizar (vt)	დამბლის დაცემა	damblis datsema
alergia (f)	ალერგია	alergia
asma (f)	ასთმა	astma
diabetes (f)	დიაბეტი	diabet'i
dolor (m) de muelas	კბილის ტკივილი	k'bilis t'k'ivili
caries (f)	კარიესი	k'ariesi
diarrea (f)	დიარეა	diarea
estreñimiento (m)	კუჭში შეკრულობა	k'uch'shi shek'ruloba
molestia (f) estomacal	კუჭის აშლილობა	k'uch'is ashliloba
envenenamiento (m)	მოწამვლა	mots'amvla
envenenarse (vr)	მოწამვლა	mots'amvla
artritis (f)	ართრიტი	artrit'i
raquitismo (m)	რაქიტი	rakit'i
reumatismo (m)	რევმატიზმი	revmat'izmi
ateroesclerosis (f)	ათეროსკლეროზი	aterosk'lerozi
gastritis (f)	გასტრიტი	gast'rit'i
apendicitis (f)	აპენდიციტი	ap'enditsit'i
colecistitis (f)	ქოლეცისტიტი	koletsist'it'i
úlcera (f)	წყლული	ts'qluli
sarampión (m)	წითელა	ts'itela

rubeola (f)	წითურა	ts'itura
ictericia (f)	სიყვითლე	siqvitle
hepatitis (f)	ჰეპატიტი	hep'at'it'i
esquizofrenia (f)	შიზოფრენია	shizoprenia
rabia (f) (hidrofobia)	ცოფი	tsopi
neurosis (f)	ნევროზი	nevrozi
conmoción (f) cerebral	ტვინის შერყევა	t'vinis sherqeva
cáncer (m)	კიბო	k'ibo
esclerosis (f)	სკლეროზი	sk'lerozi
esclerosis (m) múltiple	გაფანტული სკლეროზი	gapant'uli sk'lerozi
alcoholismo (m)	ალკოჰოლიზმი	alk'oholizmi
alcohólico (m)	ალკოჰოლიკი	alk'oholik'i
sífilis (f)	სიფილისი	sipilisi
SIDA (m)	შიდსი	shidsi
tumor (m)	სიმსივნე	simsivne
fiebre (f)	ციება	tsieba
malaria (f)	მალარია	malaria
gangrena (f)	განგრენა	gangrena
mareo (m)	ზღვის ავადმყოფობა	zghvis avadmqopoba
epilepsia (f)	ეპილეფსია	ep'ilepsia
epidemia (f)	ეპიდემია	ep'idemia
tifus (m)	ტიფი	t'ipi
tuberculosis (f)	ტუბერკულოზი	t'uberk'ulozi
cólera (f)	ქოლერა	kolera
peste (f)	შავი ჭირი	shavi ch'iri

64. Los síntomas. Los tratamientos. Unidad 1

síntoma (m)	სიმპტომი	simp't'omi
temperatura (f)	სიცხე	sitskhe
fiebre (f)	მაღალი სიცხე	maghali sitskhe
pulso (m)	პულსი	p'ulsi
mareo (m) (vértigo)	თავბრუსხვევა	tavbruskhveva
caliente (adj)	ცხელი	tskheli
escalofrío (m)	შეციება	shetsieba
pálido (adj)	ფერმიხდილი	permikhdili
tos (f)	ხველა	khvela
toser (vi)	ხველება	khveleba
estornudar (vi)	ცხვირის ცემინება	tskhviris tsemineba
desmayo (m)	გულის წასვლა	gulis ts'asvla
desmayarse (vr)	გულის წასვლა	gulis ts'asvla
moradura (f)	ლები	lebi
chichón (m)	კოპი	k'op'i

golpearse (vr)	დაჯახება	dajakheba
magulladura (f)	დაჟეჟილობა	dazhezhiloba
magullarse (vr)	დაჟეჟვა	dazhezhva

cojear (vi)	კოჭლობა	k'och'loba
dislocación (f)	ღრძობა	ghrdzoba
dislocar (vt)	ღრძობა	ghrdzoba
fractura (f)	მოტეხილობა	mot'ekhiloba
tener una fractura	მოტეხა	mot'ekha

corte (m) (tajo)	ჭრილობა	ch'riloba
cortarse (vr)	გაჭრა	gach'ra
hemorragia (f)	სისხლდენა	siskhldena

quemadura (f)	დამწვრობა	damts'vroba
quemarse (vr)	დაწვა	dats'va

pincharse (~ el dedo)	ჩხვლეტა	chkhvlet'a
pincharse (vr)	ჩხვლეტა	chkhvlet'a
herir (vt)	დაზიანება	dazianeba
herida (f)	დაზიანება	dazianeba
lesión (f) (herida)	ჭრილობა	ch'riloba
trauma (m)	ტრავმა	t'ravma

delirar (vi)	ბოდვა	bodva
tartamudear (vi)	ბორძიკით ლაპარაკი	bordzik'it lap'arak'i
insolación (f)	მზის დაკვრა	mzis dak'vra

65. Los síntomas. Los tratamientos. Unidad 2

dolor (m)	ტკივილი	t'k'ivili
astilla (f)	ხიწვი	khits'vi

sudor (m)	ოფლი	opli
sudar (vi)	გაოფლიანება	gaoplianeba
vómito (m)	პირღებინება	p'irghebineba
convulsiones (f pl)	კრუნჩხვები	k'runchkhvebi

embarazada (adj)	ორსული	orsuli
nacer (vi)	დაბადება	dabadeba
parto (m)	მშობიარობა	mshobiaroba
dar a luz	გაჩენა	gachena
aborto (m)	აბორტი	abort'i

respiración (f)	სუნთქვა	suntkva
inspiración (f)	შესუნთქვა	shesuntkva
espiración (f)	ამოსუნთქვა	amosuntkva
espirar (vi)	ამოსუნთქვა	amosuntkva
inspirar (vi)	შესუნთქვა	shesuntkva
inválido (m)	ინვალიდი	invalidi

mutilado (m)	ხეიბარი	kheibari
drogadicto (m)	ნარკომანი	nark'omani

sordo (adj)	ყრუ	qru
mudo (adj)	მუნჯი	munji
sordomudo (adj)	ყრუ-მუნჯი	qru-munji

loco (adj)	გიჟი	gizhi
loco (m)	გიჟი	gizhi
loca (f)	გიჟი	gizhi
volverse loco	ჭკუაზე შეშლა	ch'k'uaze sheshla

gen (m)	გენი	geni
inmunidad (f)	იმუნიტეტი	imunit'et'i
hereditario (adj)	მემკვიდრეობითი	memk'vidreobiti
de nacimiento (adj)	თანდაყოლილი	tandaqolili

virus (m)	ვირუსი	virusi
microbio (m)	მიკრობი	mik'robi
bacteria (f)	ბაქტერია	bakt'eria
infección (f)	ინფექცია	inpektsia

66. Los síntomas. Los tratamientos. Unidad 3

hospital (m)	საავადმყოფო	saavadmqopo
paciente (m)	პაციენტი	p'atsient'i

diagnosis (f)	დიაგნოზი	diagnozi
cura (f)	მკურნალობა	mk'urnaloba
curarse (vr)	მკურნალობა	mk'urnaloba
tratar (vt)	მკურნალობა	mk'urnaloba
cuidar (a un enfermo)	მოვლა	movla
cuidados (m pl)	მოვლა	movla

operación (f)	ოპერაცია	op'eratsia
vendar (vt)	შეხვევა	shekhveva
vendaje (m)	სახვევი	sakhvevi

vacunación (f)	აცრა	atsra
vacunar (vt)	აცრის გაკეთება	atsris gak'eteba
inyección (f)	ნემსი	nemsi
aplicar una inyección	ნემსის გაკეთება	nemsis gak'eteba

ataque (m)	შეტევა	shet'eva
amputación (f)	ამპუტაცია	amp'ut'atsia
amputar (vt)	ამპუტირება	amp'ut'ireba
coma (m)	კომა	k'oma
estar en coma	კომაში ყოფნა	k'omashi qopna
revitalización (f)	რეანიმაცია	reanimatsia
recuperarse (vr)	გამოჯანმრთელება	gamojanmrteleba

estado (m) (de salud)	მდგომარეობა	mdgomareoba
consciencia (f)	ცნობიერება	tsnobiereba
memoria (f)	მეხსიერება	mekhsiereba

extraer (un diente)	ამოღება	amogheba
empaste (m)	ბჟენი	bzheni
empastar (vt)	დაბჟენა	dabzhena

| hipnosis (f) | ჰიპნოზი | hip'nozi |
| hipnotizar (vt) | ჰიპნოტიზირება | hip'not'izireba |

67. La medicina. Las drogas. Los accesorios

medicamento (m), droga (f)	წამალი	ts'amali
remedio (m)	საშუალება	sashualeba
prescribir (vt)	გამოწერა	gamots'era
receta (f)	რეცეპტი	retsep't'i

tableta (f)	აბი	abi
ungüento (m)	მალამო	malamo
ampolla (f)	ამპულა	amp'ula
mixtura (f), mezcla (f)	მიქსტურა	mikst'ura
sirope (m)	სიროფი	siropi
píldora (f)	აბი	abi
polvo (m)	ფხვნილი	pkhvnili

venda (f)	ბინტი	bint'i
algodón (m) (discos de ~)	ბამბა	bamba
yodo (m)	იოდი	iodi

tirita (f), curita (f)	ლეიკოპლასტირი	leik'op'last'iri
pipeta (f)	პიპეტი	p'ip'et'i
termómetro (m)	სიცხის საზომი	sitskhis sazomi
jeringa (f)	შპრიცი	shp'ritsi

| silla (f) de ruedas | ეტლი | et'li |
| muletas (f pl) | ყავარჯნები | qavarjnebi |

anestésico (m)	ტკივილგამაყუჩებელი	t'k'ivilgamaquchebeli
purgante (m)	სასაქმებელი	sasakmebeli
alcohol (m)	სპირტი	sp'irt'i
hierba (f) medicinal	ბალახი	balakhi
de hierbas (té ~)	ბალახისა	balakhisa

T&P BOOKS

EL APARTAMENTO

T&P Books Publishing

68. El apartamento

apartamento (m)	ბინა	bina
habitación (f)	ოთახი	otakhi
dormitorio (m)	საწოლი ოთახი	sats'oli otakhi
comedor (m)	სასადილო ოთახი	sasadilo otakhi
salón (m)	სასტუმრო ოთახი	sast'umro otakhi
despacho (m)	კაბინეტი	k'abinet'i
antecámara (f)	წინა ოთახი	ts'ina otakhi
cuarto (m) de baño	სააბაზანო ოთახი	saabazano otakhi
servicio (m)	საპირფარეშო	sap'irparesho
techo (m)	ჭერი	ch'eri
suelo (m)	იატაკი	iat'ak'i
rincón (m)	კუთხე	k'utkhe

69. Los muebles. El interior

muebles (m pl)	ავეჯი	aveji
mesa (f)	მაგიდა	magida
silla (f)	სკამი	sk'ami
cama (f)	საწოლი	sats'oli
sofá (m)	დივანი	divani
sillón (m)	სავარძელი	savardzeli
librería (f)	კარადა	k'arada
estante (m)	თარო	taro
armario (m)	კარადა	k'arada
percha (f)	საკიდი	sak'idi
perchero (m) de pie	საკიდი	sak'idi
cómoda (f)	კომოდი	k'omodi
mesa (f) de café	ჟურნალების მაგიდა	zhurnalebis magida
espejo (m)	სარკე	sark'e
tapiz (m)	ხალიჩა	khalicha
alfombra (f)	პატარა ნოხი	p'at'ara nokhi
chimenea (f)	ბუხარი	bukhari
vela (f)	სანთელი	santeli
candelero (m)	შანდალი	shandali
cortinas (f pl)	ფარდები	pardebi

empapelado (m)	შპალერი	shp'aleri
estor (m) de láminas	ჟალუზი	zhaluzi
lámpara (f) de mesa	მაგიდის ლამპა	magidis lamp'a
aplique (m)	ლამპარი	lamp'ari
lámpara (f) de pie	ტორშერი	t'orsheri
lámpara (f) de araña	ჭაღი	ch'aghi
pata (f) (~ de la mesa)	ფეხი	pekhi
brazo (m)	საიდაყვე	saidaqve
espaldar (m)	ზურგი	zurgi
cajón (m)	უჯრა	ujra

70. Los accesorios de cama

ropa (f) de cama	თეთრეული	tetreuli
almohada (f)	ბალიში	balishi
funda (f)	ბალიშისპირი	balishisp'iri
manta (f)	საბანი	sabani
sábana (f)	ზეწარი	zets'ari
sobrecama (f)	გადასაფარებელი	gadasaparebeli

71. La cocina

cocina (f)	სამზარეულო	samzareulo
gas (m)	აირი	airi
cocina (f) de gas	გაზქურა	gazkura
cocina (f) eléctrica	ელექტროქურა	elekt'rokura
horno (m)	ფურნაკი	purnak'i
horno (m) microondas	მიკროტალღოვანი ღუმელი	mik'rot'alghovani ghumeli
frigorífico (m)	მაცივარი	matsivari
congelador (m)	საყინულე	saqinule
lavavajillas (m)	ჭურჭლის სარეცხი მანქანა	ch'urch'lis saretskhi mankana
picadora (f) de carne	ხორცსაკეპი	khortssak'ep'i
exprimidor (m)	წვენსაწური	ts'vensats'uri
tostador (m)	ტოსტერი	t'ost'eri
batidora (f)	მიქსერი	mikseri
cafetera (f) (aparato de cocina)	ყავის სახარში	qavis sakharshi
cafetera (f) (para servir)	ყავადანი	qavadani
molinillo (m) de café	ყავის საფქვავი	qavis sapkvavi
hervidor (m) de agua	ჩაიდანი	chaidani
tetera (f)	ჩაიდანი	chaidani

tapa (f)	ხუფი	khupi
colador (m) de té	საწური	sats'uri
cuchara (f)	კოვზი	k'ovzi
cucharilla (f)	ჩაის კოვზი	chais k'ovzi
cuchara (f) de sopa	სადილის კოვზი	sadilis k'ovzi
tenedor (m)	ჩანგალი	changali
cuchillo (m)	დანა	dana
vajilla (f)	ჭურჭელი	ch'urch'eli
plato (m)	თეფში	tepshi
platillo (m)	ლამბაქი	lambaki
vaso (m) de chupito	სირჩა	sircha
vaso (m) (~ de agua)	ჭიქა	ch'ika
taza (f)	ფინჯანი	pinjani
azucarera (f)	საშაქრე	sashakre
salero (m)	სამარილე	samarile
pimentero (m)	საპილპილე	sap'ilp'ile
mantequera (f)	საკარაქე	sak'arake
cacerola (f)	ქვაბი	kvabi
sartén (f)	ტაფა	t'apa
cucharón (m)	ჩამჩა	chamcha
colador (m)	თუშფალანგი	tushpalangi
bandeja (f)	ლანგარი	langari
botella (f)	ბოთლი	botli
tarro (m) de vidrio	ქილა	kila
lata (f)	ქილა	kila
abrebotellas (m)	გასახსნელი	gasakhsneli
abrelatas (m)	გასახსნელი	gasakhsneli
sacacorchos (m)	შტოპორი	sht'op'ori
filtro (m)	ფილტრი	pilt'ri
filtrar (vt)	ფილტვრა	pilt'vra
basura (f)	ნაგავი	nagavi
cubo (m) de basura	სანაგვე ვედრო	sanagve vedro

72. El baño

cuarto (m) de baño	სააბაზანო ოთახი	saabazano otakhi
agua (f)	წყალი	ts'qali
grifo (m)	ონკანი	onk'ani
agua (f) caliente	ცხელი წყალი	tskheli ts'qali
agua (f) fría	ცივი წყალი	tsivi ts'qali
pasta (f) de dientes	კბილის პასტა	k'bilis p'ast'a
limpiarse los dientes	კბილების წმენდა	k'bilebis ts'menda

afeitarse (vr)	პარსვა	p'arsva
espuma (f) de afeitar	საპარსი ქაფი	sap'arsi kapi
maquinilla (f) de afeitar	სამართებელი	samartebeli

lavar (vt)	რეცხვა	retskhva
darse un baño	დაბანა	dabana
ducha (f)	შხაპი	shkhap'i
darse una ducha	შხაპის მიღება	shkhap'is migheba

bañera (f)	აბაზანა	abazana
inodoro (m)	უნიტაზი	unit'azi
lavabo (m)	ნიჟარა	nizhara

| jabón (m) | საპონი | sap'oni |
| jabonera (f) | სასაპნე | sasap'ne |

esponja (f)	ღრუბელი	ghrubeli
champú (m)	შამპუნი	shamp'uni
toalla (f)	პირსახოცი	p'irsakhotsi
bata (f) de baño	ხალათი	khalati

colada (f), lavado (m)	რეცხვა	retskhva
lavadora (f)	სარეცხი მანქანა	saretskhi mankana
lavar la ropa	თეთრეულის რეცხვა	tetreulis retsvkha
detergente (m) en polvo	სარეცხი ფხვნილი	saretskhi pkhvnili

73. Los aparatos domésticos

televisor (m)	ტელევიზორი	t'elevizori
magnetófono (m)	მაგნიტოფონი	magnit'oponi
vídeo (m)	ვიდეომაგნიტოფონი	videomagnit'oponi
radio (m)	მიმღები	mimghebi
reproductor (m) (~ MP3)	ფლეერი	pleeri

proyector (m) de vídeo	ვიდეოპროექტორი	videop'roekt'ori
sistema (m) home cinema	სახლის კინოთეატრი	sakhlis k'inoteat'ri
reproductor (m) de DVD	DVD-საკრავი	DVD-sak'ravi
amplificador (m)	გამაძლიერებელი	gamadzlierebeli
videoconsola (f)	სათამაშო მისადგამი	satamasho misadgami

cámara (f) de vídeo	ვიდეოკამერა	videok'amera
cámara (f) fotográfica	ფოტოაპარატი	pot'oap'arat'i
cámara (f) digital	ციფრული ფოტოაპარატი	tsipruli pot'oap'arat'i

aspirador (m), aspiradora (f)	მტვერსასრუტი	mt'versasrut'i
plancha (f)	უთო	uto
tabla (f) de planchar	საუთოებელი დაფა	sautoebeli dapa

| teléfono (m) | ტელეფონი | t'eleponi |
| teléfono (m) móvil | მობილური ტელეფონი | mobiluri t'eleponi |

máquina (f) de escribir	მანქანა	mankana
máquina (f) de coser	მანქანა	mankana
micrófono (m)	მიკროფონი	mik'roponi
auriculares (m pl)	საყურისი	saqurisi
mando (m) a distancia	პულტი	p'ult'i
CD (m)	CD-დისკი	CD-disk'i
casete (m)	კასეტი	k'aset'i
disco (m) de vinilo	ფირფიტა	pirpit'a

BOOKS

LA TIERRA. EL TIEMPO

T&P Books Publishing

74. El espacio

cosmos (m)	კოსმოსი	k'osmosi
espacial, cósmico (adj)	კოსმოსური	k'osmosuri
espacio (m) cósmico	კოსმოსური სივრცე	k'osmosuri sivrtse
mundo (m)	მსოფლიო	msoplio
universo (m)	სამყარო	samqaro
galaxia (f)	გალაქტიკა	galakt'ik'a
estrella (f)	ვარსკვლავი	varsk'vlavi
constelación (f)	თანავარსკვლავედი	tanavarsk'vlavedi
planeta (m)	პლანეტა	p'lanet'a
satélite (m)	თანამგზავრი	tanamgzavri
meteorito (m)	მეტეორიტი	met'eorit'i
cometa (m)	კომეტა	k'omet'a
asteroide (m)	ასტეროიდი	ast'eroidi
órbita (f)	ორბიტა	orbit'a
girar (vi)	ბრუნვა	brunva
atmósfera (f)	ატმოსფერო	at'mospero
Sol (m)	მზე	mze
sistema (m) solar	მზის სისტემა	mzis sist'ema
eclipse (m) de Sol	მზის დაბნელება	mzis dabneleba
Tierra (f)	დედამიწა	dedamits'a
Luna (f)	მთვარე	mtvare
Marte (m)	მარსი	marsi
Venus (f)	ვენერა	venera
Júpiter (m)	იუპიტერი	iup'it'eri
Saturno (m)	სატურნი	sat'urni
Mercurio (m)	მერკური	merk'uri
Urano (m)	ურანი	urani
Neptuno (m)	ნეპტუნი	nep't'uni
Plutón (m)	პლუტონი	p'lut'oni
la Vía Láctea	ირმის ნახტომი	irmis nakht'omi
la Osa Mayor	დიდი დათვი	didi datvi
la Estrella Polar	პოლარული ვარსკვლავი	p'olaruli varsk'vlavi
marciano (m)	მარსიელი	marsieli
extraterrestre (m)	უცხოპლანეტელი	utskhop'lanet'eli

planetícola (m)	სხვა სამყაროდან ჩამოსული	skhva samqarodan chamosuli
platillo (m) volante	მფრინავი თეფში	mprinavi tepshi
nave (f) espacial	კოსმოსური ხომალდი	k'osmosuri khomaldi
estación (f) orbital	ორბიტალური სადგური	orbit'aluri sadguri
despegue (m)	სტარტი	st'art'i
motor (m)	ძრავა	dzrava
tobera (f)	საქშენი	saksheni
combustible (m)	საწვავი	sats'vavi
carlinga (f)	კაბინა	k'abina
antena (f)	ანტენა	ant'ena
ventana (f)	ილუმინატორი	iluminat'ori
batería (f) solar	მზის ბატარეა	mzis bat'area
escafandra (f)	სკაფანდრი	sk'apandri
ingravidez (f)	უწონადობა	uts'onadoba
oxígeno (m)	ჟანგბადი	zhangbadi
atraque (m)	შეერთება	sheerteba
realizar el atraque	შეერთების წარმოება	sheertebis ts'armoeba
observatorio (m)	ობსერვატორია	observat'oria
telescopio (m)	ტელესკოპი	t'elesk'op'i
observar (vt)	დაკვირვება	dak'virveba
explorar (~ el universo)	გამოკვლევა	gamok'vleva

75. La tierra

Tierra (f)	დედამიწა	dedamits'a
globo (m) terrestre	დედამიწის სფერო	dedamits'is spero
planeta (m)	პლანეტა	p'lanet'a
atmósfera (f)	ატმოსფერო	at'mospero
geografía (f)	გეოგრაფია	geograpia
naturaleza (f)	ბუნება	buneba
globo (m) terráqueo	გლობუსი	globusi
mapa (m)	რუქა	ruka
atlas (m)	ატლასი	at'lasi
Europa (f)	ევროპა	evrop'a
Asia (f)	აზია	azia
África (f)	აფრიკა	aprik'a
Australia (f)	ავსტრალია	avst'ralia
América (f)	ამერიკა	amerik'a
América (f) del Norte	ჩრდილოეთ ამერიკა	chrdiloet amerik'a

América (f) del Sur	სამხრეთ ამერიკა	samkhret amerik'a
Antártida (f)	ანტარქტიდა	ant'arkt'ida
Ártico (m)	არქტიკა	arkt'ik'a

76. Los puntos cardinales

norte (m)	ჩრდილოეთი	chrdiloeti
al norte	ჩრდილოეთისკენ	chrdiloetisk'en
en el norte	ჩრდილოეთში	chrdiloetshi
del norte (adj)	ჩრდილოეთის	chrdiloetis

sur (m)	სამხრეთი	samkhreti
al sur	სამხრეთისკენ	samkhretisk'en
en el sur	სამხრეთში	samkhretshi
del sur (adj)	სამხრეთის	samkhretis

oeste (m)	დასავლეთი	dasavleti
al oeste	დასავლეთისკენ	dasavletisk'en
en el oeste	დასავლეთში	dasavletshi
del oeste (adj)	დასავლეთის	dasavletis

este (m)	აღმოსავლეთი	aghmosavleti
al este	აღმოსავლეთისკენ	aghmosavletisk'en
en el este	აღმოსავლეთში	aghmosavletshi
del este (adj)	აღმოსავლეთის	aghmosavletis

77. El mar. El océano

mar (m)	ზღვა	zghva
océano (m)	ოკეანე	ok'eane
golfo (m)	ყურე	qure
estrecho (m)	სრუტე	srut'e

continente (m)	მატერიკი	mat'erik'i
isla (f)	კუნძული	k'undzuli
península (f)	ნახევარკუნძული	nakhevark'undzuli
archipiélago (m)	არქიპელაგი	arkip'elagi

bahía (f)	ყურე	qure
ensenada, bahía (f)	ნავსადგური	navsadguri
laguna (f)	ლაგუნა	laguna
cabo (m)	კონცხი	k'ontskhi

atolón (m)	ატოლი	at'oli
arrecife (m)	რიფი	ripi
coral (m)	მარჯანი	marjani
arrecife (m) de coral	მარჯნის რიფი	marjnis ripi
profundo (adj)	ღრმა	ghrma

profundidad (f)	სიღრმე	sighrme
abismo (m)	უფსკრული	upsk'ruli
fosa (f) oceánica	ღრმული	ghrmuli

corriente (f)	დინება	dineba
bañar (rodear)	გაბანა	gabana

orilla (f)	ნაპირი	nap'iri
costa (f)	სანაპირო	sanap'iro

flujo (m)	მოქცევა	moktseva
reflujo (m)	მიქცევა	miktseva
banco (m) de arena	მეჩეჩი	mechechi
fondo (m)	ფსკერი	psk'eri

ola (f)	ტალღა	t'algha
cresta (f) de la ola	ტალღის ქოჩორი	t'alghis kochori
espuma (f)	ქაფი	kapi

tempestad (f)	ქარიშხალი	karishkhali
huracán (m)	გრიგალი	grigali
tsunami (m)	ცუნამი	tsunami
bonanza (f)	მყუდროება	mqudroeba
calmo, tranquilo	წყნარი	ts'qnari

polo (m)	პოლუსი	p'olusi
polar (adj)	პოლარული	p'olaruli

latitud (f)	განედი	ganedi
longitud (f)	გრძედი	grdzedi
paralelo (m)	პარალელი	p'araleli
ecuador (m)	ეკვატორი	ek'vat'ori

cielo (m)	ცა	tsa
horizonte (m)	ჰორიზონტი	horizont'i
aire (m)	ჰაერი	haeri

faro (m)	შუქურა	shukura
bucear (vi)	ყვინთვა	qvintva
hundirse (vr)	ჩაძირვა	chadzirva
tesoros (m pl)	განძი	gandzi

78. Los nombres de los mares y los océanos

océano (m) Atlántico	ატლანტის ოკეანე	at'lant'is ok'eane
océano (m) Índico	ინდოეთის ოკეანე	indoetis ok'eane
océano (m) Pacífico	წყნარი ოკეანე	ts'qnari ok'eane
océano (m) Glacial Ártico	ჩრდილოეთის ყინულოვანი ოკეანე	chrdiloetis qinulovani ok'eane
mar (m) Negro	შავი ზღვა	shavi zghva

mar (m) Rojo	წითელი ზღვა	ts'iteli zghva
mar (m) Amarillo	ყვითელი ზღვა	qviteli zghva
mar (m) Blanco	თეთრი ზღვა	tetri zghva

mar (m) Caspio	კასპიის ზღვა	k'asp'iis zghva
mar (m) Muerto	მკვდარი ზღვა	mk'vdari zghva
mar (m) Mediterráneo	ხმელთაშუა ზღვა	khmeltashua zghva

| mar (m) Egeo | ეგეოსის ზღვა | egeosis zghva |
| mar (m) Adriático | ადრიატიკის ზღვა | adriat'ik'is zghva |

mar (m) Arábigo	არავიის ზღვა	araviis zghva
mar (m) del Japón	იაპონიის ზღვა	iap'oniis zghva
mar (m) de Bering	ბერინგის ზღვა	beringis zghva
mar (m) de la China Meridional	სამხრეთ-ჩინეთის ზღვა	samkhret-chinetis zghva

mar (m) del Coral	მარჯნის ზღვა	marjnis zghva
mar (m) de Tasmania	ტასმანიის ზღვა	t'asmaniis zghva
mar (m) Caribe	კარიბის ზღვა	k'aribis zghva

| mar (m) de Barents | ბარენცის ზღვა | barentsis zghva |
| mar (m) de Kara | კარსის ზღვა | k'arsis zghva |

mar (m) del Norte	ჩრდილოეთის ზღვა	chrdiloetis zghva
mar (m) Báltico	ბალტიის ზღვა	balt'iis zghva
mar (m) de Noruega	ნორვეგიის ზღვა	norvegiis zghva

79. Las montañas

montaña (f)	მთა	mta
cadena (f) de montañas	მთების ჯაჭვი	mtebis jach'vi
cresta (f) de montañas	მთის ქედი	mtis kedi

cima (f)	მწვერვალი	mts'vervali
pico (m)	პიკი	p'ik'i
pie (m)	მთის ძირი	mtis dziri
cuesta (f)	ფერდობი	perdobi

volcán (m)	ვულკანი	vulk'ani
volcán (m) activo	მოქმედი ვულკანი	mokmedi vulk'ani
volcán (m) apagado	ჩამქრალი ვულკანი	chamkrali vulk'ani

erupción (f)	ამოფრქვევა	amoprkveva
cráter (m)	კრატერი	k'rat'eri
magma (m)	მაგმა	magma
lava (f)	ლავა	lava
fundido (lava ~a)	გავარვარებული	gavarvarebuli
cañón (m)	კანიონი	k'anioni
desfiladero (m)	ხეობა	kheoba

grieta (f)	ნაპრალი	nap'rali
puerto (m) (paso)	უღელტეხილი	ughelt'ekhili
meseta (f)	პლატო	p'lat'o
roca (f)	კლდე	k'lde
colina (f)	ბორცვი	bortsvi

glaciar (m)	მყინვარი	mqinvari
cascada (f)	ჩანჩქერი	chanchkeri
geiser (m)	გეიზერი	geizeri
lago (m)	ტბა	t'ba

llanura (f)	ვაკე	vak'e
paisaje (m)	პეიზაჟი	p'eizazhi
eco (m)	ექო	eko

alpinista (m)	ალპინისტი	alp'inist'i
escalador (m)	მთასვლელი	mtasvleli
conquistar (vt)	დაპყრობა	dap'qroba
ascensión (f)	ასვლა	asvla

80. Los nombres de las montañas

Alpes (m pl)	ალპები	alp'ebi
Montblanc (m)	მონბლანი	monblani
Pirineos (m pl)	პირენეები	p'ireneebi

Cárpatos (m pl)	კარპატები	k'arp'at'ebi
Urales (m pl)	ურალის მთები	uralis mtebi
Cáucaso (m)	კავკასია	k'avk'asia
Elbrus (m)	იალბუზი	ialbuzi

Altai (m)	ალტაი	alt'ai
Tian-Shan (m)	ტიან-შანი	t'ian-shani
Pamir (m)	პამირი	p'amiri
Himalayos (m pl)	ჰიმალაი	himalai
Everest (m)	ევერესტი	everest'i

| Andes (m pl) | ანდები | andebi |
| Kilimanjaro (m) | კილიმანჯარო | k'ilimanjaro |

81. Los ríos

río (m)	მდინარე	mdinare
manantial (m)	წყარო	ts'qaro
lecho (m) (curso de agua)	კალაპოტი	k'alap'ot'i
cuenca (f) fluvial	აუზი	auzi
desembocar en ...	ჩადინება	chadineba
afluente (m)	შენაკადი	shenak'adi

ribera (f)	ნაპირი	nap'iri
corriente (f)	დინება	dineba
río abajo (adv)	დინების ქვემოთ	dinebis kvemot
río arriba (adv)	დინების ზემოთ	dinebis zemot

inundación (f)	წყალდიდობა	ts'qaldidoba
riada (f)	წყალდიდობა	ts'qaldidoba
desbordarse (vr)	გადმოსვლა	gadmosvla
inundar (vt)	დატბორვა	dat'borva

| bajo (m) arenoso | თავთხელი | tavtkheli |
| rápido (m) | ზღურბლი | zghurbli |

presa (f)	კაშხალი	k'ashkhali
canal (m)	არხი	arkhi
lago (m) artificiale	წყალსაცავი	ts'qalsatsavi
esclusa (f)	რაბი	rabi

cuerpo (m) de agua	წყალსატევი	ts'qalsat'evi
pantano (m)	ჭაობი	ch'aobi
ciénaga (f)	ჭანჭრობი	ch'anch'robi
remolino (m)	მორევი	morevi

arroyo (m)	ნაკადული	nak'aduli
potable (adj)	სასმელი	sasmeli
dulce (agua ~)	მტკნარი	mt'k'nari

| hielo (m) | ყინული | qinuli |
| helarse (el lago, etc.) | გაყინვა | gaqinva |

82. Los nombres de los ríos

| Sena (m) | სენა | sena |
| Loira (m) | ლუარა | luara |

Támesis (m)	ტემზა	t'emza
Rin (m)	რეინი	reini
Danubio (m)	დუნაი	dunai

Volga (m)	ვოლგა	volga
Don (m)	დონი	doni
Lena (m)	ლენა	lena

Río (m) Amarillo	ხუანხე	khuankhe
Río (m) Azul	იანძი	iandzi
Mekong (m)	მეკონგი	mek'ongi
Ganges (m)	განგი	gangi

| Nilo (m) | ნილოსი | nilosi |
| Congo (m) | კონგო | k'ongo |

Okavango (m)	ოკავანგო	ok'avango
Zambeze (m)	ზამბეზი	zambezi
Limpopo (m)	ლიმპოპო	limp'op'o
Misisipi (m)	მისისიპი	misisip'i

83. El bosque

| bosque (m) | ტყე | t'qe |
| de bosque (adj) | ტყის | t'qis |

espesura (f)	ტევრი	t'evri
bosquecillo (m)	ჭალა	ch'ala
claro (m)	მინდორი	mindori

| maleza (f) | ბარდები | bardebi |
| matorral (m) | ბუჩქნარი | buchknari |

| senda (f) | ბილიკი | bilik'i |
| barranco (m) | ხევი | khevi |

árbol (m)	ხე	khe
hoja (f)	ფოთოლი	potoli
follaje (m)	ფოთლეული	potleuli

caída (f) de hojas	ფოთოლცვენა	potoltsvena
caer (las hojas)	ცვენა	tsvena
cima (f)	კენწერო	k'ents'ero

rama (f)	ტოტი	t'ot'i
rama (f) (gruesa)	ნუჟრი	nuzhri
brote (m)	კვირტი	k'virt'i
aguja (f)	წიწვი	ts'its'vi
piña (f)	გირჩი	girchi

| agujero (m) | ფუღურო | pughuro |
| nido (m) | ბუდე | bude |

tronco (m)	ტანი	t'ani
raíz (f)	ფესვი	pesvi
corteza (f)	ქერქი	kerki
musgo (m)	ხავსი	khavsi

extirpar (vt)	ამოძირკვა	amodzirk'va
talar (vt)	მოჭრა	moch'ra
deforestar (vt)	გაჩეხვა	gachekhva
tocón (m)	კუნძი	k'undzi

hoguera (f)	კოცონი	k'otsoni
incendio (m) forestal	ხანძარი	khandzari
apagar (~ el incendio)	ჩაქრობა	chakroba

guarda (m) forestal	მეტყევე	met'qeve
protección (f)	დაცვა	datsva
proteger (vt)	დაცვა	datsva
cazador (m) furtivo	ბრაკონიერი	brak'onieri
cepo (m)	ხაფანგი	khapangi
recoger (setas, bayas)	კრეფა	k'repa
perderse (vr)	გზის დაბნევა	gzis dabneva

84. Los recursos naturales

recursos (m pl) naturales	ბუნებრივი რესურსები	bunebrivi resursebi
recursos (m pl) subterráneos	სასარგებლო წიაღისეული	sasargeblo ts'iaghiseuli
depósitos (m pl)	საბადო	sabado
yacimiento (m)	საბადო	sabado
extraer (vt)	მოპოვება	mop'oveba
extracción (f)	მოპოვება	mop'oveba
mena (f)	მადანი	madani
mina (f)	მადნეული	madneuli
pozo (m) de mina	შახტი	shakht'i
minero (m)	მეშახტე	meshakht'e
gas (m)	გაზი	gazi
gasoducto (m)	გაზსადენი	gazsadeni
petróleo (m)	ნავთობი	navtobi
oleoducto (m)	ნავთობსადენი	navtobsadeni
pozo (m) de petróleo	ნავთობის კოშკურა	navtobis k'oshk'ura
torre (f) de sondeo	საბურღი კოშკურა	saburghi k'oshk'ura
petrolero (m)	ტანკერი	t'ank'eri
arena (f)	ქვიშა	kvisha
caliza (f)	კირქვა	k'irkva
grava (f)	ხრეში	khreshi
turba (f)	ტორფი	t'orpi
arcilla (f)	თიხა	tikha
carbón (m)	ქვანახშირი	kvanakhshiri
hierro (m)	რკინა	rk'ina
oro (m)	ოქრო	okro
plata (f)	ვერცხლი	vertskhli
níquel (m)	ნიკელი	nik'eli
cobre (m)	სპილენძი	sp'ilendzi
zinc (m)	თუთია	tutia
manganeso (m)	მარგანეცი	marganetsi
mercurio (m)	ვერცხლისწყალი	vertskhlists'qali
plomo (m)	ტყვია	t'qvia
mineral (m)	მინერალი	minerali

cristal (m)	კრისტალი	k'rist'ali
mármol (m)	მარმარილო	marmarilo
uranio (m)	ურანი	urani

85. El tiempo

tiempo (m)	ამინდი	amindi
previsión (f) del tiempo	ამინდის პროგნოზი	amindis p'rognozi
temperatura (f)	ტემპერატურა	t'emp'erat'ura
termómetro (m)	თერმომეტრი	termomet'ri
barómetro (m)	ბარომეტრი	baromet'ri

humedad (f)	ტენიანობა	t'enianoba
bochorno (m)	სიცხე	sitskhe
tórrido (adj)	ცხელი	tskheli
hace mucho calor	ცხელი	tskheli

| hace calor (templado) | თბილა | tbila |
| templado (adj) | თბილი | tbili |

| hace frío | სიცივე | sitsive |
| frío (adj) | ცივი | tsivi |

sol (m)	მზე	mze
brillar (vi)	ანათებს	anatebs
soleado (un día ~)	მზიანი	mziani
elevarse (el sol)	ამოსვლა	amosvla
ponerse (vr)	ჩასვლა	chasvla

nube (f)	ღრუბელი	ghrubeli
nuboso (adj)	ღრუბლიანი	ghrubliani
nubarrón (m)	ღრუბელი	ghrubeli
nublado (adj)	მოღრუბლული	moghrubluli

lluvia (f)	წვიმა	ts'vima
está lloviendo	წვიმა მოდის	ts'vima modis
lluvioso (adj)	წვიმიანი	ts'vimiani
lloviznar (vi)	ჟინჟღვლა	zhinzhghvla

aguacero (m)	კოკისპირული	k'ok'isp'iruli
chaparrón (m)	თავსხმა	tavskhma
fuerte (la lluvia ~)	ძლიერი	dzlieri

| charco (m) | გუბე | gube |
| mojarse (vr) | დასველება | dasveleba |

niebla (f)	ნისლი	nisli
nebuloso (adj)	ნისლიანი	nisliani
nieve (f)	თოვლი	tovli
está nevando	თოვლი მოდის	tovli modis

86. Los eventos climáticos severos. Los desastres naturales

tormenta (f)	ჭექა	ch'eka
relámpago (m)	მეხი	mekhi
relampaguear (vi)	ელვარება	elvareba
trueno (m)	ქუხილი	kukhili
tronar (vi)	ქუხილი	kukhili
está tronando	ქუხს	kukhs
granizo (m)	სეტყვა	set'qva
está granizando	სეტყვა მოდის	set'qva modis
inundar (vt)	წალეკვა	ts'alek'va
inundación (f)	წყალდიდობა	ts'qaldidoba
terremoto (m)	მიწისძვრა	mits'isdzvra
sacudida (f)	ბიძგი	bidzgi
epicentro (m)	ეპიცენტრი	ep'itsent'ri
erupción (f)	ამოფრქვევა	amoprkveva
lava (f)	ლავა	lava
torbellino (m)	გრიგალი	grigali
tornado (m)	ტორნადო	t'ornado
tifón (m)	ტაიფუნი	t'aipuni
huracán (m)	გრიგალი	grigali
tempestad (f)	ქარიშხალი	karishkhali
tsunami (m)	ცუნამი	tsunami
ciclón (m)	ციკლონი	tsik'loni
mal tiempo (m)	უამინდობა	uamindoba
incendio (m)	ხანძარი	khandzari
catástrofe (f)	კატასტროფა	k'at'ast'ropa
meteorito (m)	მეტეორიტი	met'eorit'i
avalancha (f)	ზვავი	zvavi
alud (m) de nieve	ჩამოქცევა	chamoktseva
ventisca (f)	ქარბუქი	karbuki
nevasca (f)	ბუქი	buki

LA FAUNA

T&P Books Publishing

87. Los mamíferos. Los predadores

carnívoro (m)	მტაცებელი	mt'atsebeli
tigre (m)	ვეფხვი	vepkhvi
león (m)	ლომი	lomi
lobo (m)	მგელი	mgeli
zorro (m)	მელა	mela
jaguar (m)	იაგუარი	iaguari
leopardo (m)	ლეოპარდი	leop'ardi
guepardo (m)	გეპარდი	gep'ardi
pantera (f)	ავაზა	avaza
puma (f)	პუმა	p'uma
leopardo (m) de las nieves	თოვლის ჯიქი	tovlis jiki
lince (m)	ფოცხვერი	potskhveri
coyote (m)	კოიოტი	k'oiot'i
chacal (m)	ტურა	t'ura
hiena (f)	გიენა	giena

88. Los animales salvajes

animal (m)	ცხოველი	tskhoveli
bestia (f)	მხეცი	mkhetsi
ardilla (f)	ციყვი	tsiqvi
erizo (m)	ზღარბი	zgharbi
liebre (f)	კურდღელი	k'urdgheli
conejo (m)	ბოცვერი	botsveri
tejón (m)	მაჩვი	machvi
mapache (m)	ენოტი	enot'i
hámster (m)	ზაზუნა	zazuna
marmota (f)	ზაზუნა	zazuna
topo (m)	თხუნელა	tkhunela
ratón (m)	თაგვი	tagvi
rata (f)	ვირთხა	virtkha
murciélago (m)	ღამურა	ghamura
armiño (m)	ყარყუმი	qarqumi
cebellina (f)	სიასამური	siasamuri
marta (f)	კვერნა	k'verna

| comadreja (f) | სინდიოფალა | sindiopala |
| visón (m) | წაულა | ts'aula |

| castor (m) | თახვი | takhvi |
| nutria (f) | წავი | ts'avi |

caballo (m)	ცხენი	tskheni
alce (m)	ცხენ-ირემი	tskhen-iremi
ciervo (m)	ირემი	iremi
camello (m)	აქლემი	aklemi

bisonte (m)	ბიზონი	bizoni
uro (m)	დომბა	domba
búfalo (m)	კამეჩი	k'amechi

cebra (f)	ზებრა	zebra
antílope (m)	ანტილოპა	ant'ilop'a
corzo (m)	შველი	shveli
gamo (m)	ფურ-ირემი	pur-iremi
gamuza (f)	ქურციკი	kurtsik'i
jabalí (m)	ტახი	t'akhi

ballena (f)	ვეშაპი	veshap'i
foca (f)	სელაპი	selap'i
morsa (f)	ლომვეშაპი	lomveshap'i
oso (m) marino	ზღვის კატა	zghvis k'at'a
delfín (m)	დელფინი	delpini

oso (m)	დათვი	datvi
oso (m) blanco	თეთრი დათვი	tetri datvi
panda (f)	პანდა	p'anda

mono (m)	მაიმუნი	maimuni
chimpancé (m)	შიმპანზე	shimp'anze
orangután (m)	ორანგუტანი	orangut'ani
gorila (m)	გორილა	gorila
macaco (m)	მაკაკა	mak'ak'a
gibón (m)	გიბონი	giboni

| elefante (m) | სპილო | sp'ilo |
| rinoceronte (m) | მარტორქა | mart'orka |

| jirafa (f) | ჟირაფი | zhirapi |
| hipopótamo (m) | ბეჰემოთი | behemoti |

| canguro (m) | კენგურუ | k'enguru |
| koala (f) | კოალა | k'oala |

mangosta (f)	მანგუსტი	mangust'i
chinchilla (f)	შინშილა	shinshila
mofeta (f)	თრითინა	tritina
espín (m)	მაჩვზღარბა	machvzgharba

89. Los animales domésticos

gata (f)	კატა	k'at'a
gato (m)	ხვადი კატა	khvadi k'at'a
caballo (m)	ცხენი	tskheni
garañón (m)	ულაყი	ulaqi
yegua (f)	ფაშატი	pashat'i
vaca (f)	ძროხა	dzrokha
toro (m)	ხარი	khari
buey (m)	ხარი	khari
oveja (f)	დედალი ცხვარი	dedali tskhvari
carnero (m)	ცხვარი	tskhvari
cabra (f)	თხა	tkha
cabrón (m)	ვაცი	vatsi
asno (m)	ვირი	viri
mulo (m)	ჯორი	jori
cerdo (m)	ღორი	ghori
cerdito (m)	გოჭი	goch'i
conejo (m)	ბოცვერი	botsveri
gallina (f)	ქათამი	katami
gallo (m)	მამალი	mamali
pato (m)	იხვი	ikhvi
ánade (m)	მამალი იხვი	mamali ikhvi
ganso (m)	ბატი	bat'i
pavo (m)	ინდაური	indauri
pava (f)	დედალი ინდაური	dedali indauri
animales (m pl) domésticos	შინაური ცხოველები	shinauri tskhovelebi
domesticado (adj)	მოშინაურებული	moshinaurebuli
domesticar (vt)	მოშინაურება	moshinaureba
criar (vt)	გამოზრდა	gamozrda
granja (f)	ფერმა	perma
aves (f pl) de corral	შინაური ფრინველი	shinauri prinveli
ganado (m)	საქონელი	sakoneli
rebaño (m)	ჯოგი	jogi
caballeriza (f)	თავლა	tavla
porqueriza (f)	საღორე	saghore
vaquería (f)	ბოსელი	boseli
conejal (m)	საკურდღლე	sak'urdghle
gallinero (m)	საქათმე	sakatme

90. Los pájaros

pájaro (m)	ფრინველი	prinveli
paloma (f)	მტრედი	mt'redi
gorrión (m)	ბეღურა	beghura
carbonero (m)	წიწკანა	ts'its'k'ana
urraca (f)	კაჭკაჭი	k'ach'k'ach'i
cuervo (m)	ყვავი	qvavi
corneja (f)	ყვავი	qvavi
chova (f)	ჭკა	ch'k'a
grajo (m)	ჭილყვავი	ch'ilqvavi
pato (m)	იხვი	ikhvi
ganso (m)	ბატი	bat'i
faisán (m)	ხოხობი	khokhobi
águila (f)	არწივი	arts'ivi
azor (m)	ქორი	kori
halcón (m)	შევარდენი	shevardeni
buitre (m)	ორბი	orbi
cóndor (m)	კონდორი	k'ondori
cisne (m)	გედი	gedi
grulla (f)	წერო	ts'ero
cigüeña (f)	ყარყატი	qarqat'i
loro (m), papagayo (m)	თუთიყუში	tutiqushi
colibrí (m)	კოლიბრი	k'olibri
pavo (m) real	ფარშევანგი	parshevangi
avestruz (m)	სირაქლემა	siraklema
garza (f)	ყანჩა	qancha
flamenco (m)	ფლამინგო	plamingo
pelícano (m)	ვარხვი	varkhvi
ruiseñor (m)	ბულბული	bulbuli
golondrina (f)	მერცხალი	mertskhali
tordo (m)	შაშვი	shashvi
zorzal (m)	შაშვი მგალობელი	shashvi mgalobeli
mirlo (m)	შავი შაშვი	shavi shashvi
vencejo (m)	ნამგალა	namgala
alondra (f)	ტოროლა	t'orola
codorniz (f)	მწყერი	mts'qeri
pájaro carpintero (m)	კოდალა	k'odala
cuco (m)	გუგული	guguli
lechuza (f)	ბუ	bu
búho (m)	ჭოტი	ch'ot'i

urogallo (m)	ყრუანჩელა	qruanchela
gallo lira (m)	როჭო	roch'o
perdiz (f)	კაკაბი	k'ak'abi
estornino (m)	შოშია	shoshia
canario (m)	იადონი	iadoni
ortega (f)	გნოლქათამა	gnolkatama
pinzón (m)	სკვინჩა	sk'vincha
camachuelo (m)	სტვენია	st'venia
gaviota (f)	თოლია	tolia
albatros (m)	ალბატროსი	albat'rosi
pingüino (m)	პინგვინი	p'ingvini

91. Los peces. Los animales marinos

brema (f)	კაპარჭინა	k'ap'arch'ina
carpa (f)	კობრი	k'obri
perca (f)	ქორჭილა	korch'ila
siluro (m)	ლოქო	loko
lucio (m)	ქარიყლაპია	kariqlap'ia
salmón (m)	ორაგული	oraguli
esturión (m)	თართი	tarti
arenque (m)	ქაშაყი	kashaqi
salmón (m) del Atlántico	გოჯი	goji
caballa (f)	სკუმბრია	sk'umbria
lenguado (m)	კამბალა	k'ambala
lucioperca (f)	ფარგა	parga
bacalao (m)	ვირთევზა	virtevza
atún (m)	თინუსი	tinusi
trucha (f)	კალმახი	k'almakhi
anguila (f)	გველთევზა	gveltevza
raya (f) eléctrica	ელექტრული სკაროსი	elekt'ruli sk'arosi
morena (f)	მურენა	murena
piraña (f)	პირანია	p'irania
tiburón (m)	ზვიგენი	zvigeni
delfín (m)	დელფინი	delpini
ballena (f)	ვეშაპი	veshap'i
centolla (f)	კიბორჩხალა	k'iborchkhala
medusa (f)	მედუზა	meduza
pulpo (m)	რვაფეხა	rvapekha
estrella (f) de mar	ზღვის ვარსკვლავი	zghvis varsk'vlavi
erizo (m) de mar	ზღვის ზღარბი	zghvis zgharbi

caballito (m) de mar	ცხენთევზა	tskhentevza
ostra (f)	ხამანწკა	khamants'k'a
camarón (m)	კრევეტი	k'revet'i
bogavante (m)	ასთაკვი	astak'vi
langosta (f)	ლანგუსტი	langust'i

92. Los anfibios. Los reptiles

serpiente (f)	გველი	gveli
venenoso (adj)	შხამიანი	shkhamiani

víbora (f)	გველგესლა	gvelgesla
cobra (f)	კობრა	k'obra
pitón (m)	პითონი	p'itoni
boa (f)	მახრჩობელა გველი	makhrchobela gveli

culebra (f)	ანკარა	ank'ara
serpiente (m) de cascabel	ჩხრიალა გველი	chkhriala gveli
anaconda (f)	ანაკონდა	anak'onda

lagarto (m)	ხვლიკი	khvlik'i
iguana (f)	იგუანა	iguana
varano (m)	ვარანი	varani
salamandra (f)	სალამანდრა	salamandra
camaleón (m)	ქამელეონი	kameleoni
escorpión (m)	მორიელი	morieli

tortuga (f)	კუ	k'u
rana (f)	ბაყაყი	baqaqi
sapo (m)	გომბეშო	gombesho
cocodrilo (m)	ნიანგი	niangi

93. Los insectos

insecto (m)	მწერი	mts'eri
mariposa (f)	პეპელა	p'ep'ela
hormiga (f)	ჭიანჭველა	ch'ianch'vela
mosca (f)	ბუზი	buzi
mosquito (m) (picadura de ~)	კოღო	k'ogho
escarabajo (m)	ხოჭო	khoch'o

avispa (f)	ბზიკი	bzik'i
abeja (f)	ფუტკარი	put'k'ari
abejorro (m)	კელა	k'ela
moscardón (m)	კრაზანა	k'razana
araña (f)	ობობა	oboba
telaraña (f)	აბლაბუდა	ablabuda

libélula (f)	ჭრიჭინა	ch'rich'ina
saltamontes (m)	კალია	k'alia
mariposa (f) nocturna	ფარვანა	parvana

cucaracha (f)	აბანოს ჭია	abanos ch'ia
garrapata (f)	ტკიპა	t'k'ip'a
pulga (f)	რწყილი	rts'qili
mosca (f) negra	ქინქლა	kinkla

langosta (f)	კალია	k'alia
caracol (m)	ლოკოკინა	lok'ok'ina
grillo (m)	ჭრიჭინა	ch'rich'ina
luciérnaga (f)	ციცინათელა	tsitsinatela
mariquita (f)	ჭია მაია	ch'ia maia
sanjuanero (m)	მაისის ხოჭო	maisis khoch'o

sanguijuela (f)	წურბელა	ts'urbela
oruga (f)	მუხლუხი	mukhlukhi
lombriz (m) de tierra	ჭია	ch'ia
larva (f)	მატლი	mat'li

LA FLORA

T&P Books Publishing

94. Los árboles

árbol (m)	ხე	khe
foliáceo (adj)	ფოთლოვანი	potlovani
conífero (adj)	წიწვოვანი	ts'its'vovani
de hoja perenne	მარადმწვანე	maradmts'vane
manzano (m)	ვაშლის ხე	vashlis khe
peral (m)	მსხალი	mskhali
cerezo (m)	ბალი	bali
guindo (m)	ალუბალი	alubali
ciruelo (m)	ქლიავი	kliavi
abedul (m)	არყის ხე	arqis khe
roble (m)	მუხა	mukha
tilo (m)	ცაცხვი	tsatskhvi
pobo (m)	ვერხვი	verkhvi
arce (m)	ნეკერჩხალი	nek'erchkhali
pícea (f)	ნაძვის ხე	nadzvis khe
pino (m)	ფიჭვი	pich'vi
alerce (m)	ლარიქსი	lariksi
abeto (m)	სოჭი	soch'i
cedro (m)	კედარი	k'edari
álamo (m)	ალვის ხე	alvis khe
serbal (m)	ცირცელი	tsirtseli
sauce (m)	ტირიფი	t'iripi
aliso (m)	მურყანი	murqani
haya (f)	წიფელი	ts'ipeli
olmo (m)	თელა	tela
fresno (m)	იფანი	ipani
castaño (m)	წაბლი	ts'abli
magnolia (f)	მაგნოლია	magnolia
palmera (f)	პალმა	p'alma
ciprés (m)	კვიპაროსი	k'vip'arosi
mangle (m)	მანგოს ხე	mangos khe
baobab (m)	ბაობაბი	baobabi
eucalipto (m)	ევკალიპტი	evk'alip't'i
secoya (f)	სექვოია	sekvoia

95. Los arbustos

| mata (f) | ბუჩქი | buchki |
| arbusto (m) | ბუჩქნარი | buchknari |

| vid (f) | ყურძენი | qurdzeni |
| viñedo (m) | ვენახი | venakhi |

frambueso (m)	ჟოლო	zholo
grosellero (m) rojo	წითელი მოცხარი	ts'iteli motskhari
grosellero (m) espinoso	ხურტკმელი	khurt'k'meli

acacia (f)	აკაცია	ak'atsia
berberís (m)	კოწახური	k'ots'akhuri
jazmín (m)	ჟასმინი	zhasmini

enebro (m)	ღვია	ghvia
rosal (m)	ვარდის ბუჩქი	vardis buchki
escaramujo (m)	ასკილი	ask'ili

96. Las frutas. Las bayas

manzana (f)	ვაშლი	vashli
pera (f)	მსხალი	mskhali
ciruela (f)	ქლიავი	kliavi

fresa (f)	მარწყვი	marts'qvi
guinda (f)	ალუბალი	alubali
cereza (f)	ბალი	bali
uva (f)	ყურძენი	qurdzeni

frambuesa (f)	ჟოლო	zholo
grosella (f) negra	შავი მოცხარი	shavi motskhari
grosella (f) roja	წითელი მოცხარი	ts'iteli motskhari
grosella (f) espinosa	ხურტკმელი	khurt'k'meli
arándano (m) agrio	შტოში	sht'oshi

naranja (f)	ფორთოხალი	portokhali
mandarina (f)	მანდარინი	mandarini
piña (f)	ანანასი	ananasi
banana (f)	ბანანი	banani
dátil (m)	ფინიკი	pinik'i

limón (m)	ლიმონი	limoni
albaricoque (m)	გარგარი	gargari
melocotón (m)	ატამი	at'ami
kiwi (m)	კივი	k'ivi
toronja (f)	გრეიფრუტი	greiprut'i
baya (f)	კენკრა	k'enk'ra

bayas (f pl)	კენკრა	k'enk'ra
arándano (m) rojo	წითელი მოცვი	ts'iteli motsvi
fresa (f) silvestre	მარწყვი	marts'qvi
arándano (m)	მოცვი	motsvi

97. Las flores. Las plantas

| flor (f) | ყვავილი | qvavili |
| ramo (m) de flores | თაიგული | taiguli |

rosa (f)	ვარდი	vardi
tulipán (m)	ტიტა	t'it'a
clavel (m)	მიხაკი	mikhak'i
gladiolo (m)	გლადიოლუსი	gladiolusi

aciano (m)	ღიღილო	ghighilo
campanilla (f)	მაჩიტა	machit'a
diente (m) de león	ბაბუაწვერა	babuats'vera
manzanilla (f)	გვირილა	gvirila

áloe (m)	ალოე	aloe
cacto (m)	კაქტუსი	k'akt'usi
ficus (m)	ფიკუსი	pik'usi

azucena (f)	შროშანი	shroshani
geranio (m)	ნემსიწვერა	nemsits'vera
jacinto (m)	ჰიაცინტი	hiatsint'i

mimosa (f)	მიმოზა	mimoza
narciso (m)	ნარგიზი	nargizi
capuchina (f)	ნასტურცია	nast'urtsia

orquídea (f)	ორქიდეა	orkidea
peonía (f)	იორდასალამი	iordasalami
violeta (f)	ია	ia

trinitaria (f)	სამფერა ია	sampera ia
nomeolvides (f)	კესანე	k'esane
margarita (f)	ზიზილა	zizila

amapola (f)	ყაყაჩო	qaqacho
cáñamo (m)	კანაფი	k'anapi
menta (f)	პიტნა	p'it'na

| muguete (m) | შროშანა | shroshana |
| campanilla (f) de las nieves | ენძელა | endzela |

ortiga (f)	ჭინჭარი	ch'inch'ari
acedera (f)	მჟაუნა	mzhauna
nenúfar (m)	წყლის შროშანი	ts'qlis shroshani

| helecho (m) | გვიმრა | gvimra |
| liquen (m) | ლიქენა | likena |

invernadero (m) tropical	ორანჟერეა	oranzherea
césped (m)	გაზონი	gazoni
macizo (m) de flores	ყვავილნარი	qvavilnari

planta (f)	მცენარე	mtsenare
hierba (f)	ბალახი	balakhi
hoja (f) de hierba	ბალახის ღერო	balakhis ghero

hoja (f)	ფოთოლი	potoli
pétalo (m)	ფურცელი	purtseli
tallo (m)	ღერო	ghero
tubérculo (m)	ბოლქვი	bolkvi

| retoño (m) | ღივი | ghivi |
| espina (f) | ეკალი | ek'ali |

florecer (vi)	ყვავილობა	qvaviloba
marchitarse (vr)	ჭკნობა	ch'k'noba
olor (m)	სუნი	suni
cortar (vt)	მოჭრა	moch'ra
coger (una flor)	მოწყვეტა	mots'qvet'a

98. Los cereales, los granos

grano (m)	მარცვალი	martsvali
cereales (m pl) (plantas)	მარცვლეული მცენარე	martsvleuli mtsenare
espiga (f)	თავთავი	tavtavi

trigo (m)	ხორბალი	khorbali
centeno (m)	ჭვავი	ch'vavi
avena (f)	შვრია	shvria
mijo (m)	ფეტვი	pet'vi
cebada (f)	ქერი	keri

maíz (m)	სიმინდი	simindi
arroz (m)	ბრინჯი	brinji
alforfón (m)	წიწიბურა	ts'its'ibura

guisante (m)	ბარდა	barda
fréjol (m)	ლობიო	lobio
soya (f)	სოია	soia
lenteja (f)	ოსპი	osp'i
habas (f pl)	პარკები	p'ark'ebi

T&P BOOKS

LOS PAÍSES

T&P Books Publishing

99. Los países. Unidad 1

Afganistán (m)	ავღანეთი	avghaneti
Albania (f)	ალბანეთი	albaneti
Alemania (f)	გერმანია	germania
Arabia (f) Saudita	საუდის არაბეთი	saudis arabeti
Argentina (f)	არგენტინა	argent'ina
Armenia (f)	სომხეთი	somkheti
Australia (f)	ავსტრალია	avst'ralia
Austria (f)	ავსტრია	avst'ria
Azerbaiyán (m)	აზერბაიჯანი	azerbaijani
Bangladesh (m)	ბანგლადეში	bangladeshi
Bélgica (f)	ბელგია	belgia
Bielorrusia (f)	ბელორუსია	belorusia
Bolivia (f)	ბოლივია	bolivia
Bosnia y Herzegovina	ბოსნია და ჰერცოგოვინა	bosnia da hertsogovina
Brasil (m)	ბრაზილია	brazilia
Bulgaria (f)	ბულგარეთი	bulgareti
Camboya (f)	კამბოჯა	k'amboja
Canadá (f)	კანადა	k'anada
Chequia (f)	ჩეხეთი	chekheti
Chile (m)	ჩილე	chile
China (f)	ჩინეთი	chineti
Chipre (m)	კვიპროსი	k'vip'rosi
Colombia (f)	კოლუმბია	k'olumbia
Corea (f) del Norte	ჩრდილოეთ კორეა	chrdiloet k'orea
Corea (f) del Sur	სამხრეთ კორეა	samkhret k'orea
Croacia (f)	ხორვატია	khorvat'ia
Cuba (f)	კუბა	k'uba
Dinamarca (f)	დანია	dania
Ecuador (m)	ეკვადორი	ek'vadori
Egipto (m)	ეგვიპტე	egvip't'e
Emiratos (m pl) Árabes Unidos	აგს	ags
Escocia (f)	შოტლანდია	shot'landia
Eslovaquia (f)	სლოვაკია	slovak'ia
Eslovenia	სლოვენია	slovenia
España (f)	ესპანეთი	esp'aneti
Estados Unidos de América	ამერიკის შეერთებული შტატები	amerik'is sheertebuli sht'at'ebi
Estonia (f)	ესტონეთი	est'oneti
Finlandia (f)	ფინეთი	pineti
Francia (f)	საფრანგეთი	saprangeti

100. Los países. Unidad 2

Georgia (f)	საქართველო	sakartvelo
Ghana (f)	განა	gana
Gran Bretaña (f)	დიდი ბრიტანეთი	didi brit'aneti
Grecia (f)	საბერძნეთი	saberdzneti
Haití (m)	ჰაიტი	hait'i
Hungría (f)	უნგრეთი	ungreti
India (f)	ინდოეთი	indoeti
Indonesia (f)	ინდონეზია	indonezia
Inglaterra (f)	ინგლისი	inglisi
Irak (m)	ერაყი	eraqi
Irán (m)	ირანი	irani
Irlanda (f)	ირლანდია	irlandia
Islandia (f)	ისლანდია	islandia
Islas (f pl) Bahamas	ბაჰამის კუნძულები	bahamis k'undzulebi
Israel (m)	ისრაელი	israeli
Italia (f)	იტალია	it'alia
Jamaica (f)	იამაიკა	iamaik'a
Japón (m)	იაპონია	iap'onia
Jordania (f)	იორდანია	iordania
Kazajstán (m)	ყაზახეთი	qazakheti
Kenia (f)	კენია	k'enia
Kirguizistán (m)	ყირგიზეთი	qirgizeti
Kuwait (m)	კუვეიტი	k'uveit'i
Laos (m)	ლაოსი	laosi
Letonia (f)	ლატვია	lat'via
Líbano (m)	ლიბანი	libani
Libia (f)	ლივია	livia
Liechtenstein (m)	ლიხტენშტეინი	likht'ensht'eini
Lituania (f)	ლიტვა	lit'va
Luxemburgo (m)	ლუქსემბურგი	luksemburgi
Macedonia	მაკედონია	mak'edonia
Madagascar (m)	მადაგასკარი	madagask'ari
Malasia (f)	მალაიზია	malaizia
Malta (f)	მალტა	malt'a
Marruecos (m)	მაროკო	marok'o
Méjico (m)	მექსიკა	meksik'a
Moldavia (f)	მოლდოვა	moldova
Mónaco (m)	მონაკო	monak'o
Mongolia (f)	მონღოლეთი	mongholeti
Montenegro (m)	ჩერნოგორია	chernogoria
Myanmar (m)	მიანმარი	mianmari

101. Los países. Unidad 3

Namibia (f)	ნამიბია	namibia
Nepal (m)	ნეპალი	nep'ali
Noruega (f)	ნორვეგია	norvegia
Nueva Zelanda (f)	ახალი ზელანდია	akhali zelandia
Países Bajos (m pl)	ნიდერლანდები	niderlandebi
Pakistán (m)	პაკისტანი	p'ak'ist'ani
Palestina (f)	პალესტინის ავტონომია	p'alest'inis avt'onomia
Panamá (f)	პანამა	p'anama
Paraguay (m)	პარაგვაი	p'aragvai
Perú (m)	პერუ	p'eru
Polinesia (f) Francesa	საფრანგეთის პოლინეზია	saprangetis p'olinezia
Polonia (f)	პოლონეთი	p'oloneti
Portugal (m)	პორტუგალია	p'ort'ugalia
República (f) Dominicana	დომინიკის რესპუბლიკა	dominik'is resp'ublik'a
República (f) Sudafricana	სამხრეთ აფრიკის რესპუბლიკა	samkhret aprik'is resp'ublik'a
Rumania (f)	რუმინეთი	rumineti
Rusia (f)	რუსეთი	ruseti
Senegal (m)	სენეგალი	senegali
Serbia (f)	სერბია	serbia
Siria (f)	სირია	siria
Suecia (f)	შვეცია	shvetsia
Suiza (f)	შვეიცარია	shveitsaria
Surinam (m)	სურინამი	surinami
Tayikistán (m)	ტაჯიკეთი	t'ajik'eti
Tailandia (f)	ტაილანდი	t'ailandi
Taiwán (m)	ტაივანი	t'aivani
Tanzania (f)	ტანზანია	t'anzania
Tasmania (f)	ტასმანია	t'asmania
Túnez (m)	ტუნისი	t'unisi
Turkmenistán (m)	თურქმენეთი	turkmeneti
Turquía (f)	თურქეთი	turketi
Ucrania (f)	უკრაინა	uk'raina
Uruguay (m)	ურუგვაი	urugvai
Uzbekistán (m)	უზბეკეთი	uzbek'eti
Vaticano (m)	ვატიკანი	vat'ik'ani
Venezuela (f)	ვენესუელა	venesuela
Vietnam (m)	ვიეტნამი	viet'nami
Zanzíbar (m)	ზანზიბარი	zanzibari

T&P BOOKS

GLOSARIO
GASTRONÓMICO

Esta sección contiene una
gran cantidad de palabras y
términos asociados con la
comida. Este diccionario le hará
más fácil la comprensión
del menú de un restaurante y
la elección del plato adecuado

T&P Books Publishing

Español-Georgiano glosario gastronómico

¡Que aproveche!	გაამოთ!	gaamot!
abrebotellas (m)	გასახსნელი	gasakhsneli
abrelatas (m)	გასახსნელი	gasakhsneli
aceite (m) de girasol	მზესუმზირის ზეთი	mzesumziris zeti
aceite (m) de oliva	ზეითუნის ზეთი	zeitunis zeti
aceite (m) vegetal	მცენარეული ზეთი	mtsenarueli zeti
agua (f)	წყალი	ts'qali
agua (f) mineral	მინერალური წყალი	mineraluri ts'qali
agua (f) potable	სასმელი წყალი	sasmeli ts'qali
aguacate (m)	ავოკადო	avok'ado
ahumado (adj)	შებოლილი	shebolili
ajo (m)	ნიორი	niori
albahaca (f)	რეჰანი	rehani
albaricoque (m)	გარგარი	gargari
alcachofa (f)	არტიშოკი	art'ishok'i
alforfón (m)	წიწიბურა	ts'its'ibura
almendra (f)	ნუში	nushi
almuerzo (m)	სადილი	sadili
amargo (adj)	მწარე	mts'are
anís (m)	ანისული	anisuli
anguila (f)	გველთევზა	gveltevza
aperitivo (m)	აპერიტივი	ap'erit'ivi
apetito (m)	მადა	mada
apio (m)	ნიახური	niakhuri
arándano (m)	მოცვი	motsvi
arándano (m) agrio	შტოში	sht'oshi
arándano (m) rojo	წითელი მოცვი	ts'iteli motsvi
arenque (m)	ქაშაყი	kashaqi
arroz (m)	ბრინჯი	brinji
atún (m)	თინუსი	tinusi
avellana (f)	თხილი	tkhili
avena (f)	შვრია	shvria
azúcar (m)	შაქარი	shakari
azafrán (m)	ზაფრანა	zaprana
azucarado, dulce (adj)	ტკბილი	t'k'bili
bacalao (m)	ვირთევზა	virtevza
banana (f)	ბანანი	banani
bar (m)	ბარი	bari
barman (m)	ბარმენი	barmeni
batido (m)	რძის კოკტეილი	rdzis k'ok't'eili
baya (f)	კენკრა	k'enk'ra
bayas (f pl)	კენკრა	k'enk'ra
bebida (f) sin alcohol	უალკოჰოლო სასმელი	ualk'oholo sasmeli
bebidas (f pl) alcohólicas	ალკოჰოლიანი სასმელები	alk'oholiani sasmelebi

beicon (m)	ბეკონი	bek'oni
berenjena (f)	ბადრიჯანი	badrijani
bistec (m)	ბივშტექსი	bivsht'eksi
bocadillo (m)	ბუტერბროდი	but'erbrodi
boleto (m) áspero	არყისძირა	arqisdzira
boleto (m) castaño	ვერხვისძირა	verkhvisdzira
brócoli (m)	კომბოსტო ბროკოლი	k'ombost'o brok'oli
brema (f)	კაპარჭინა	k'ap'arch'ina
cóctel (m)	კოკტეილი	k'ok't'eili
caballa (f)	სკუმბრია	sk'umbria
cacahuete (m)	მიწის თხილი	mits'is tkhili
café (m)	ყავა	qava
café (m) con leche	რძიანი ყავა	rdziani qava
café (m) solo	შავი ყავა	shavi qava
café (m) soluble	ხსნადი ყავა	khsnadi qava
calabacín (m)	ყაბაყი	qabaqi
calabaza (f)	გოგრა	gogra
calamar (m)	კალმარი	k'almari
caldo (m)	ბულიონი	bulioni
caliente (adj)	ცხელი	tskheli
caloría (f)	კალორია	k'aloria
camarón (m)	კრევეტი	k'revet'i
camarera (f)	ოფიციანტი	opitsiant'i
camarero (m)	ოფიციანტი	opitsiant'i
canela (f)	დარიჩინი	darichini
cangrejo (m) de mar	კიბორჩხალა	k'iborchkhala
capuchino (m)	ნაღებიანი ყავა	naghebiani qava
caramelo (m)	კანფეტი	k'anpet'i
carbohidratos (m pl)	ნახშირწყლები	nakhshirts'qlebi
carne (f)	ხორცი	khortsi
carne (f) de carnero	ცხვრის ხორცი	tskhvris khortsi
carne (f) de cerdo	ღორის ხორცი	ghoris khortsi
carne (f) de ternera	ხბოს ხორცი	khbos khortsi
carne (f) de vaca	საქონლის ხორცი	sakonlis khortsi
carne (f) picada	ფარში	parshi
carpa (f)	კობრი	k'obri
carta (f) de vinos	ღვინის ბარათი	ghvinis barati
carta (f), menú (m)	მენიუ	meniu
caviar (m)	ხიზილალა	khizilala
caza (f) menor	ნანადირევი	nanadirevi
cebada (f)	ქერი	keri
cebolla (f)	ხახვი	khakhvi
cena (f)	ვახშამი	vakhshami
centeno (m)	ჭვავი	ch'vavi
cereales (m pl)	მარცვლეული მცენარე	martsvleuli mtsenare
cereales (m pl) integrales	ბურღული	burghuli
cereza (f)	ბალი	bali
cerveza (f)	ლუდი	ludi
cerveza (f) negra	მუქი ლუდი	muki ludi
cerveza (f) rubia	ღია ფერის ლუდი	ghia peris ludi
champaña (f)	შამპანური	shamp'anuri
chicle (m)	საღეჭი რეზინი	saghech'i rezini

chocolate (m)	შოკოლადი	shok'oladi
cilantro (m)	ქინძი	kindzi
ciruela (f)	ქლიავი	kliavi
clara (f)	ცილა	tsila
clavo (m)	მიხაკი	mikhak'i
coñac (m)	კონიაკი	k'oniak'i
cocido en agua (adj)	მოხარშული	mokharshuli
cocina (f)	სამზარეულო	samzareulo
col (f)	კომბოსტო	k'ombost'o
col (f) de Bruselas	ბრიუსელის კომბოსტო	briuselis k'ombost'o
coliflor (f)	ყვავილოვანი კომბოსტო	qvavilovani k'ombost'o
colmenilla (f)	მერცხალა სოკო	mertskhala sok'o
comida (f)	საჭმელი	sach'meli
comino (m)	კვლიავი	k'vliavi
con gas	გაზიანი	gaziani
con hielo	ყინულით	qinulit
condimento (m)	სანელებელი	sanelebeli
conejo (m)	ბოცვერი	botsveri
confitura (f)	ჯემი	jemi
confitura (f)	მურაბა	muraba
congelado (adj)	გაყინული	gaqinuli
conservas (f pl)	კონსერვები	k'onservebi
copa (f) de vino	ბოკალი	bok'ali
copos (m pl) de maíz	სიმინდის ბურბუშელა	simindis burbushela
crema (f) de mantequilla	კრემი	k'remi
crustáceos (m pl)	კიბოსნაირნი	k'ibosnairni
cuchara (f)	კოვზი	k'ovzi
cuchara (f) de sopa	სადილის კოვზი	sadilis k'ovzi
cucharilla (f)	ჩაის კოვზი	chais k'ovzi
cuchillo (m)	დანა	dana
cuenta (f)	ანგარიში	angarishi
dátil (m)	ფინიკი	pinik'i
de chocolate (adj)	შოკოლადისა	shok'oladisa
desayuno (m)	საუზმე	sauzme
dieta (f)	დიეტა	diet'a
eneldo (m)	კამა	k'ama
ensalada (f)	სალათი	salati
entremés (m)	საუზმეული	sauzmeuli
espárrago (m)	სატაცური	sat'atsuri
espagueti (m)	სპაგეტი	sp'aget'i
especia (f)	სუნელი	suneli
espiga (f)	თავთავი	tavtavi
espinaca (f)	ისპანახი	isp'anakhi
esturión (m)	თართი	tarti
fletán (m)	პალტუსი	p'alt'usi
fréjol (m)	ლობიო	lobio
frío (adj)	ცივი	tsivi
frambuesa (f)	ჟოლო	zholo
fresa (f)	მარწყვი	marts'qvi
fresa (f) silvestre	მარწყვი	marts'qvi
frito (adj)	შემწვარი	shemts'vari
fruto (m)	ხილი	khili

gachas (f pl)	ფაფა	papa
galletas (f pl)	ნამცხვარი	namtskhvari
gallina (f)	ქათამი	katami
ganso (m)	ბატი	bat'i
gaseoso (adj)	გაზირებული	gazirebuli
ginebra (f)	ჯინი	jini
gofre (m)	ვაფლი	vapli
granada (f)	ბროწეული	brots'euli
grano (m)	მარცვალი	martsvali
grasas (f pl)	ცხიმები	tskhimebi
grosella (f) espinosa	ხურტკმელი	khurt'k'meli
grosella (f) negra	შავი მოცხარი	shavi motskhari
grosella (f) roja	წითელი მოცხარი	ts'iteli motskhari
guarnición (f)	გარნირი	garniri
guinda (f)	ალუბალი	alubali
guisante (m)	ბარდა	barda
hígado (m)	ღვიძლი	ghvidzli
habas (f pl)	პარკები	p'ark'ebi
hamburguesa (f)	ჰამბურგერი	hamburgeri
harina (f)	ფქვილი	pkvili
helado (m)	ნაყინი	naqini
hielo (m)	ყინული	qinuli
higo (m)	ლეღვი	leghvi
hoja (f) de laurel	დაფნის ფოთოლი	dapnis potoli
huevo (m)	კვერცხი	k'vertskhi
huevos (m pl)	კვერცხები	k'vertskhebi
huevos (m pl) fritos	ერბო-კვერცხი	erbo-k'vertskhi
jamón (m)	ლორი	lori
jamón (m) fresco	ბარკალი	bark'ali
jengibre (m)	კოჭა	k'och'a
jugo (m) de tomate	ტომატის წვენი	t'omat'is ts'veni
kiwi (m)	კივი	k'ivi
langosta (f)	ლანგუსტი	langust'i
leche (f)	რძე	rdze
leche (f) condensada	შესქელებული რძე	sheskelebuli rdze
lechuga (f)	სალათი	salati
legumbres (f pl)	ბოსტნეული	bost'neuli
lengua (f)	ენა	ena
lenguado (m)	კამბალა	k'ambala
lenteja (f)	ოსპი	osp'i
licor (m)	ლიქიორი	likiori
limón (m)	ლიმონი	limoni
limonada (f)	ლიმონათი	limonati
loncha (f)	ნაჭერი	nach'eri
lucio (m)	ქარიყლაპია	kariqlap'ia
lucioperca (f)	ფარგა	parga
maíz (m)	სიმინდი	simindi
maíz (m)	სიმინდი	simindi
macarrones (m pl)	მაკარონი	mak'aroni
mandarina (f)	მანდარინი	mandarini
mango (m)	მანგო	mango
mantequilla (f)	კარაქი	k'araki

manzana (f)	ვაშლი	vashli
margarina (f)	მარგარინი	margarini
marinado (adj)	მარინადში ჩადებული	marinadshi chadebuli
mariscos (m pl)	ზღვის პროდუქტები	zghvis p'rodukt'ebi
matamoscas (m)	ბუზიხოცია	buzikhotsia
mayonesa (f)	მაიონეზი	maionezi
melón (m)	ნესვი	nesvi
melocotón (m)	ატამი	at'ami
mermelada (f)	მარმელადი	marmeladi
miel (f)	თაფლი	tapli
miga (f)	ნამცეცი	namtsetsi
mijo (m)	ფეტვი	pet'vi
mini tarta (f)	ტკბილღვეზელა	t'k'bilghvezela
mondadientes (m)	კბილსაჩიჩქნი	k'bilsachichkni
mostaza (f)	მდოგვი	mdogvi
nabo (m)	თალგამი	talgami
naranja (f)	ფორთოხალი	portokhali
nata (f) agria	არაჟანი	arazhani
nata (f) líquida	ნაღები	naghebi
nuez (f)	კაკალი	k'ak'ali
nuez (f) de coco	ქოქოსის კაკალი	kokosis k'ak'ali
olivas, aceitunas (f pl)	ზეითუნი	zeituni
oronja (f) verde	შხამა	shkhama
ostra (f)	ხამანწკა	khamants'k'a
pan (m)	პური	p'uri
papaya (f)	პაპაია	p'ap'aia
paprika (f)	წიწაკა	ts'its'ak'a
pasas (f pl)	ქიშმიში	kishmishi
pasteles (m pl)	საკონდიტრო ნაწარმი	sak'ondit'ro nats'armi
paté (m)	პაშტეტი	p'asht'et'i
patata (f)	კარტოფილი	k'art'opili
pato (m)	იხვი	ikhvi
pava (f)	ინდაური	indauri
pedazo (m)	ნაჭერი	nach'eri
pepino (m)	კიტრი	k'it'ri
pera (f)	მსხალი	mskhali
perca (f)	ქორჭილა	korch'ila
perejil (m)	ოხრახუში	okhrakhushi
pescado (m)	თევზი	tevzi
piña (f)	ანანასი	ananasi
piel (f)	ქერქი	kerki
pimienta (f) negra	პილპილი	p'ilp'ili
pimienta (f) roja	წიწაკა	ts'its'ak'a
pimiento (m) dulce	წიწაკა	ts'its'ak'a
pistachos (m pl)	ფსტა	pst'a
pizza (f)	პიცა	p'itsa
platillo (m)	ლამბაქი	lambaki
plato (m)	კერძი	k'erdzi
plato (m)	თეფში	tepshi
pomelo (m)	გრეიფრუტი	greiprut'i
porción (f)	ულუფა	ulupa
postre (m)	დესერტი	desert'i

propina (f)	გასამრჯელო	gasamrjelo
proteínas (f pl)	ცილები	tsilebi
pudin (m)	პუდინგი	p'udingi
puré (m) de patatas	კარტოფილის პიურე	k'art'opilis p'iure
queso (m)	ყველი	qveli
rábano (m)	ბოლოკი	bolok'i
rábano (m) picante	პირშუშხა	p'irshushkha
rúsula (f)	ბღავანა	bghavana
rebozuelo (m)	მიქლიო	miklio
receta (f)	რეცეპტი	retsep't'i
refresco (m)	გამაგრილებელი სასმელი	gamagrilebeli sasmeli
regusto (m)	გემო	gemo
relleno (m)	შიგთავსი	shigtavsi
remolacha (f)	ჭარხალი	ch'arkhali
ron (m)	რომი	romi
sésamo (m)	ქუნჟუტი	kunzhut'i
sabor (m)	გემო	gemo
sabroso (adj)	გემრიელი	gemrieli
sacacorchos (m)	შტოპორი	sht'op'ori
sal (f)	მარილი	marili
salado (adj)	მლაშე	mlashe
salchichón (m)	ძეხვი	dzekhvi
salchicha (f)	სოსისი	sosisi
salmón (m)	ორაგული	oraguli
salmón (m) del Atlántico	გოჯი	goji
salsa (f)	სოუსი	sousi
sandía (f)	საზამთრო	sazamtro
sardina (f)	სარდინი	sardini
seco (adj)	გამხმარი	gamkhmari
seta (f)	სოკო	sok'o
seta (f) comestible	საჭმელი სოკო	sach'meli sok'o
seta (f) venenosa	შხამიანი სოკო	shkhamiani sok'o
seta calabaza (f)	თეთრი სოკო	tetri sok'o
siluro (m)	ლოქო	loko
sin alcohol	უალკოჰოლო	ualk'oholo
sin gas	უგაზო	ugazo
sopa (f)	წვნიანი	ts'vniani
soya (f)	სოია	soia
té (m)	ჩაი	chai
té (m) negro	შავი ჩაი	shavi chai
té (m) verde	მწვანე ჩაი	mts'vane chai
tallarines (m pl)	ატრია	at'ria
tarta (f)	ტორტი	t'ort'i
tarta (f)	ღვეზელი	ghvezeli
taza (f)	ფინჯანი	pinjani
tenedor (m)	ჩანგალი	changali
tiburón (m)	ზვიგენი	zvigeni
tomate (m)	პომიდორი	p'omidori
tortilla (f) francesa	ომლეტი	omlet'i
trigo (m)	ხორბალი	khorbali
trucha (f)	კალმახი	k'almakhi
uva (f)	ყურძენი	qurdzeni

vaso (m)	ჭიქა	ch'ika
vegetariano (adj)	ვეგეტარიანული	veget'arianuli
vegetariano (m)	ვეგეტარიანელი	veget'arianeli
verduras (f pl)	მწვანილი	mts'vanili
vermú (m)	ვერმუტი	vermut'i
vinagre (m)	ძმარი	dzmari
vino (m)	ღვინო	ghvino
vino (m) blanco	თეთრი ღვინო	tetri ghvino
vino (m) tinto	წითელი ღვინო	ts'iteli ghvino
vitamina (f)	ვიტამინი	vit'amini
vodka (m)	არაყი	araqi
whisky (m)	ვისკი	visk'i
yema (f)	კვერცხის გული	k'vertskhis guli
yogur (m)	იოგურტი	iogurt'i
zanahoria (f)	სტაფილო	st'apilo
zarzamoras (f pl)	მაყვალი	maqvali
zumo (m) de naranja	ფორთოხლის წვენი	portokhlis ts'veni
zumo (m) fresco	ახლადგამოწურული წვენი	akhladgamots'uruli ts'veni
zumo (m), jugo (m)	წვენი	ts'veni

Georgiano-Español glosario gastronómico

ავოკადო	avok'ado	aguacate (m)
ალკოჰოლიანი სასმელები	alk'oholiani sasmelebi	bebidas (f pl) alcohólicas
ალუბალი	alubali	guinda (f)
ანანასი	ananasi	piña (f)
ანგარიში	angarishi	cuenta (f)
ანისული	anisuli	anís (m)
აპერიტივი	ap'erit'ivi	aperitivo (m)
არაჟანი	arazhani	nata (f) agria
არაყი	araqi	vodka (m)
არტიშოკი	art'ishok'i	alcachofa (f)
არყისძირა	arqisdzira	boleto (m) áspero
ატამი	at'ami	melocotón (m)
ატრია	at'ria	tallarines (m pl)
ახლადგამოწურული წვენი	akhladgamots'uruli ts'veni	zumo (m) fresco
ბადრიჯანი	badrijani	berenjena (f)
ბალი	bali	cereza (f)
ბანანი	banani	banana (f)
ბარდა	barda	guisante (m)
ბარი	bari	bar (m)
ბარკალი	bark'ali	jamón (m) fresco
ბარმენი	barmeni	barman (m)
ბატი	bat'i	ganso (m)
ბეკონი	bek'oni	beicon (m)
ბივშტექსი	bivsht'eksi	bistec (m)
ბოკალი	bok'ali	copa (f) de vino
ბოლოკი	bolok'i	rábano (m)
ბოსტნეული	bost'neuli	legumbres (f pl)
ბოცვერი	botsveri	conejo (m)
ბრინჯი	brinji	arroz (m)
ბრიუსელის კომბოსტო	briuselis k'ombost'o	col (f) de Bruselas
ბროწეული	brots'euli	granada (f)
ბუზიხოცია	buzikhotsia	matamoscas (m)
ბულიონი	bulioni	caldo (m)
ბურღული	burghuli	cereales (m pl) integrales
ბუტერბროდი	but'erbrodi	bocadillo (m)
ბღავანა	bghavana	rúsula (f)
გაამოთ!	gaamot!	¡Que aproveche!
გაზიანი	gaziani	con gas
გაზირებული	gazirebuli	gaseoso (adj)
გამაგრილებელი სასმელი	gamagrilebeli sasmeli	refresco (m)
გამხმარი	gamkhmari	seco (adj)
გარგარი	gargari	albaricoque (m)
გარნირი	garniri	guarnición (f)

გასამრჯელო	gasamrjelo	propina (f)
გასახსნელი	gasakhsneli	abrebotellas (m)
გასახსნელი	gasakhsneli	abrelatas (m)
გაყინული	gaqinuli	congelado (adj)
გემო	gemo	sabor (m)
გემო	gemo	regusto (m)
გემრიელი	gemrieli	sabroso (adj)
გველთევზა	gveltevza	anguila (f)
გოგრა	gogra	calabaza (f)
გოჯი	goji	salmón (m) del Atlántico
გრეიფრუტი	greiprut'i	pomelo (m)
დანა	dana	cuchillo (m)
დარიჩინი	darichini	canela (f)
დაფნის ფოთოლი	dapnis potoli	hoja (f) de laurel
დესერტი	desert'i	postre (m)
დიეტა	diet'a	dieta (f)
ენა	ena	lengua (f)
ერბო-კვერცხი	erbo-k'vertskhi	huevos (m pl) fritos
ვაფლი	vapli	gofre (m)
ვაშლი	vashli	manzana (f)
ვახშამი	vakhshami	cena (f)
ვეგეტარიანელი	veget'arianeli	vegetariano (m)
ვეგეტარიანული	veget'arianuli	vegetariano (adj)
ვერმუტი	vermut'i	vermú (m)
ვერხვისძირა	verkhvisdzira	boleto (m) castaño
ვირთევზა	virtevza	bacalao (m)
ვისკი	visk'i	whisky (m)
ვიტამინი	vit'amini	vitamina (f)
ზაფრანა	zaprana	azafrán (m)
ზეითუნი	zeituni	olivas, aceitunas (f pl)
ზეითუნის ზეთი	zeitunis zeti	aceite (m) de oliva
ზვიგენი	zvigeni	tiburón (m)
ზღვის პროდუქტები	zghvis p'rodukt'ebi	mariscos (m pl)
თავთავი	tavtavi	espiga (f)
თალგამი	talgami	nabo (m)
თართი	tarti	esturión (m)
თაფლი	tapli	miel (f)
თევზი	tevzi	pescado (m)
თეთრი სოკო	tetri sok'o	seta calabaza (f)
თეთრი ღვინო	tetri ghvino	vino (m) blanco
თეფში	tepshi	plato (m)
თინუსი	tinusi	atún (m)
თხილი	tkhili	avellana (f)
ინდაური	indauri	pava (f)
იოგურტი	iogurt'i	yogur (m)
ისპანახი	isp'anakhi	espinaca (f)
იხვი	ikhvi	pato (m)
კაკალი	k'ak'ali	nuez (f)
კალმარი	k'almari	calamar (m)
კალმახი	k'almakhi	trucha (f)
კალორია	k'aloria	caloría (f)
კამა	k'ama	eneldo (m)

კამბალა	k'ambala	lenguado (m)
კანფეტი	k'anpet'i	caramelo (m)
კაპარჭინა	k'ap'arch'ina	brema (f)
კარაქი	k'araki	mantequilla (f)
კარტოფილი	k'art'opili	patata (f)
კარტოფილის პიურე	k'art'opilis p'iure	puré (m) de patatas
კბილსაჩიჩქნი	k'bilsachichkni	mondadientes (m)
კენკრა	k'enk'ra	baya (f)
კენკრა	k'enk'ra	bayas (f pl)
კერძი	k'erdzi	plato (m)
კვერცხები	k'vertskhebi	huevos (m pl)
კვერცხი	k'vertskhi	huevo (m)
კვერცხის გული	k'vertskhis guli	yema (f)
კვლიავი	k'vliavi	comino (m)
კიბორჩხალა	k'iborchkhala	cangrejo (m) de mar
კიბოსნაირნი	k'ibosnairni	crustáceos (m pl)
კივი	k'ivi	kiwi (m)
კიტრი	k'it'ri	pepino (m)
კობრი	k'obri	carpa (f)
კოვზი	k'ovzi	cuchara (f)
კოკტეილი	k'ok't'eili	cóctel (m)
კომბოსტო	k'ombost'o	col (f)
კომბოსტო ბროკოლი	k'ombost'o brok'oli	brócoli (m)
კონიაკი	k'oniak'i	coñac (m)
კონსერვები	k'onservebi	conservas (f pl)
კოჭა	k'och'a	jengibre (m)
კრევეტი	k'revet'i	camarón (m)
კრემი	k'remi	crema (f) de mantequilla
ლამბაქი	lambaki	platillo (m)
ლანგუსტი	langust'i	langosta (f)
ლეღვი	leghvi	higo (m)
ლიმონათი	limonati	limonada (f)
ლიმონი	limoni	limón (m)
ლიქიორი	likiori	licor (m)
ლობიო	lobio	fréjol (m)
ლორი	lori	jamón (m)
ლოქო	loko	siluro (m)
ლუდი	ludi	cerveza (f)
მადა	mada	apetito (m)
მაიონეზი	maionezi	mayonesa (f)
მაკარონი	mak'aroni	macarrones (m pl)
მანგო	mango	mango (m)
მანდარინი	mandarini	mandarina (f)
მარგარინი	margarini	margarina (f)
მარილი	marili	sal (f)
მარინადში ჩადებული	marinadshi chadebuli	marinado (adj)
მარმელადი	marmeladi	mermelada (f)
მარცვალი	martsvali	grano (m)
მარცვლეული მცენარე	martsvleuli mtsenare	cereales (m pl)
მარწყვი	marts'qvi	fresa (f)
მარწყვი	marts'qvi	fresa (f) silvestre
მაყვალი	maqvali	zarzamoras (f pl)

მდოგვი	mdogvi	mostaza (f)
მენიუ	meniu	carta (f), menú (m)
მერცხალა სოკო	mertskhala sok'o	colmenilla (f)
მზესუმზირის ზეთი	mzesumziris zeti	aceite (m) de girasol
მინერალური წყალი	mineraluri ts'qali	agua (f) mineral
მიქლიო	miklio	rebozuelo (m)
მიწის თხილი	mits'is tkhili	cacahuete (m)
მიხაკი	mikhak'i	clavo (m)
მლაშე	mlashe	salado (adj)
მოცვი	motsvi	arándano (m)
მოხარშული	mokharshuli	cocido en agua (adj)
მსხალი	mskhali	pera (f)
მურაბა	muraba	confitura (f)
მუქი ლუდი	muki ludi	cerveza (f) negra
მცენარეული ზეთი	mtsenarueli zeti	aceite (m) vegetal
მწარე	mts'are	amargo (adj)
მწვანე ჩაი	mts'vane chai	té (m) verde
მწვანილი	mts'vanili	verduras (f pl)
ნამცეცი	namtsetsi	miga (f)
ნამცხვარი	namtskhvari	galletas (f pl)
ნანადირევი	nanadirevi	caza (f) menor
ნაღები	naghebi	nata (f) líquida
ნაღებიანი ყავა	naghebiani qava	capuchino (m)
ნაყინი	naqini	helado (m)
ნაჭერი	nach'eri	loncha (f)
ნაჭერი	nach'eri	pedazo (m)
ნახშირწყლები	nakhshirts'qlebi	carbohidratos (m pl)
ნესვი	nesvi	melón (m)
ნიახური	niakhuri	apio (m)
ნიორი	niori	ajo (m)
ნუში	nushi	almendra (f)
ომლეტი	omlet'i	tortilla (f) francesa
ორაგული	oraguli	salmón (m)
ოსპი	osp'i	lenteja (f)
ოფიციანტი	opitsiant'i	camarero (m)
ოფიციანტი	opitsiant'i	camarera (f)
ოხრახუში	okhrakhushi	perejil (m)
პალტუსი	p'alt'usi	fletán (m)
პაპაია	p'ap'aia	papaya (f)
პარკები	p'ark'ebi	habas (f pl)
პაშტეტი	p'asht'et'i	paté (m)
პილპილი	p'ilp'ili	pimienta (f) negra
პირშუშხა	p'irshushkha	rábano (m) picante
პიცა	p'itsa	pizza (f)
პომიდორი	p'omidori	tomate (m)
პუდინგი	p'udingi	pudin (m)
პური	p'uri	pan (m)
ჟოლო	zholo	frambuesa (f)
რეცეპტი	retsep't'i	receta (f)
რეჰანი	rehani	albahaca (f)
რომი	romi	ron (m)
რძე	rdze	leche (f)

რძიანი ყავა	rdziani qava	café (m) con leche
რძის კოკტეილი	rdzis k'ok't'eili	batido (m)
სადილი	sadili	almuerzo (m)
სადილის კოვზი	sadilis k'ovzi	cuchara (f) de sopa
საზამთრო	sazamtro	sandía (f)
საკონდიტრო ნაწარმი	sak'ondit'ro nats'armi	pasteles (m pl)
სალათი	salati	lechuga (f)
სალათი	salati	ensalada (f)
სამზარეულო	samzareulo	cocina (f)
სანელებელი	sanelebeli	condimento (m)
სარდინი	sardini	sardina (f)
სასმელი წყალი	sasmeli ts'qali	agua (f) potable
სატაცური	sat'atsuri	espárrago (m)
საუზმე	sauzme	desayuno (m)
საუზმეული	sauzmeuli	entremés (m)
საქონლის ხორცი	sakonlis khortsi	carne (f) de vaca
საღეჭი რეზინი	saghech'i rezini	chicle (m)
საჭმელი	sach'meli	comida (f)
საჭმელი სოკო	sach'meli sok'o	seta (f) comestible
სიმინდი	simindi	maíz (m)
სიმინდი	simindi	maíz (m)
სიმინდის ბურბუშელა	simindis burbushela	copos (m pl) de maíz
სკუმბრია	sk'umbria	caballa (f)
სოია	soia	soya (f)
სოკო	sok'o	seta (f)
სოსისი	sosisi	salchicha (f)
სოუსი	sousi	salsa (f)
სპაგეტი	sp'aget'i	espagueti (m)
სტაფილო	st'apilo	zanahoria (f)
სუნელი	suneli	especia (f)
ტკბილი	t'k'bili	azucarado, dulce (adj)
ტკბილღვეზელა	t'k'bilghvezela	mini tarta (f)
ტომატის წვენი	t'omat'is ts'veni	jugo (m) de tomate
ტორტი	t'ort'i	tarta (f)
უალკოჰოლო	ualk'oholo	sin alcohol
უალკოჰოლო სასმელი	ualk'oholo sasmeli	bebida (f) sin alcohol
უგაზო	ugazo	sin gas
ულუფა	ulupa	porción (f)
ფარგა	parga	lucioperca (f)
ფარში	parshi	carne (f) picada
ფაფა	papa	gachas (f pl)
ფეტვი	pet'vi	mijo (m)
ფინიკი	pinik'i	dátil (m)
ფინჯანი	pinjani	taza (f)
ფორთოხალი	portokhali	naranja (f)
ფორთოხლის წვენი	portokhlis ts'veni	zumo (m) de naranja
ფსტა	pst'a	pistachos (m pl)
ფქვილი	pkvili	harina (f)
ქათამი	katami	gallina (f)
ქარიყლაპია	kariqlap'ia	lucio (m)
ქაშაყი	kashaqi	arenque (m)
ქერი	keri	cebada (f)

ქერქი	kerki	piel (f)
ქინძი	kindzi	cilantro (m)
ქიშმიში	kishmishi	pasas (f pl)
ქლიავი	kliavi	ciruela (f)
ქორჭილა	korch'ila	perca (f)
ქოქოსის კაკალი	kokosis k'ak'ali	nuez (f) de coco
ქუნჟუტი	kunzhut'i	sésamo (m)
ღვეზელი	ghvezeli	tarta (f)
ღვინის ბარათი	ghvinis barati	carta (f) de vinos
ღვინო	ghvino	vino (m)
ღვიძლი	ghvidzli	hígado (m)
ღია ფერის ლუდი	ghia peris ludi	cerveza (f) rubia
ღორის ხორცი	ghoris khortsi	carne (f) de cerdo
ყაბაყი	qabaqi	calabacín (m)
ყავა	qava	café (m)
ყვავილოვანი კომბოსტო	qvavilovani k'ombost'o	coliflor (f)
ყველი	qveli	queso (m)
ყინული	qinuli	hielo (m)
ყინულით	qinulit	con hielo
ყურძენი	qurdzeni	uva (f)
შავი მოცხარი	shavi motskhari	grosella (f) negra
შავი ყავა	shavi qava	café (m) solo
შავი ჩაი	shavi chai	té (m) negro
შამპანური	shamp'anuri	champaña (f)
შაქარი	shakari	azúcar (m)
შებოლილი	shebolili	ahumado (adj)
შემწვარი	shemts'vari	frito (adj)
შესქელებული რძე	sheskelebuli rdze	leche (f) condensada
შვრია	shvria	avena (f)
შიგთავსი	shigtavsi	relleno (m)
შოკოლადი	shok'oladi	chocolate (m)
შოკოლადისა	shok'oladisa	de chocolate (adj)
შტოპორი	sht'op'ori	sacacorchos (m)
შტოში	sht'oshi	arándano (m) agrio
შხამა	shkhama	oronja (f) verde
შხამიანი სოკო	shkhamiani sok'o	seta (f) venenosa
ჩაი	chai	té (m)
ჩაის კოვზი	chais k'ovzi	cucharilla (f)
ჩანგალი	changali	tenedor (m)
ცივი	tsivi	frío (adj)
ცილა	tsila	clara (f)
ცილები	tsilebi	proteínas (f pl)
ცხელი	tskheli	caliente (adj)
ცხვრის ხორცი	tskhvris khortsi	carne (f) de carnero
ცხიმები	tskhimebi	grasas (f pl)
ძეხვი	dzekhvi	salchichón (m)
ძმარი	dzmari	vinagre (m)
წვენი	ts'veni	zumo (m), jugo (m)
წვნიანი	ts'vniani	sopa (f)
წითელი მოცვი	ts'iteli motsvi	arándano (m) rojo
წითელი მოცხარი	ts'iteli motskhari	grosella (f) roja
წითელი ღვინო	ts'iteli ghvino	vino (m) tinto

წიწაკა	ts'its'ak'a	pimiento (m) dulce
წიწაკა	ts'its'ak'a	pimienta (f) roja
წიწაკა	ts'its'ak'a	paprika (f)
წიწიბურა	ts'its'ibura	alforfón (m)
წყალი	ts'qali	agua (f)
ჭარხალი	ch'arkhali	remolacha (f)
ჭვავი	ch'vavi	centeno (m)
ჭიქა	ch'ika	vaso (m)
ხამანწკა	khamants'k'a	ostra (f)
ხახვი	khakhvi	cebolla (f)
ხბოს ხორცი	khbos khortsi	carne (f) de ternera
ხიზილალა	khizilala	caviar (m)
ხილი	khili	fruto (m)
ხორბალი	khorbali	trigo (m)
ხორცი	khortsi	carne (f)
ხსნადი ყავა	khsnadi qava	café (m) soluble
ხურტკმელი	khurt'k'meli	grosella (f) espinosa
ჯემი	jemi	confitura (f)
ჯინი	jini	ginebra (f)
ჰამბურგერი	hamburgeri	hamburguesa (f)